1日5分で見た目が

顔のしわ・たるみ・ほうれい線・
しみ・くまが消える

10歳若返る!

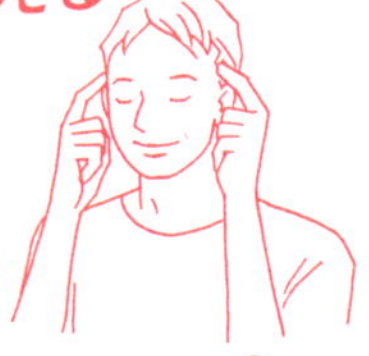

福辻鋭記
Fukutsuji Toshiki
アスカ鍼灸治療院院長

さくら舎

はじめに

まずは鏡を味方につけなさい!

鏡はすべてを映《うつ》し出す

自分の顔をよく見る人は、いつも肌がツヤツヤで若々しいといわれますが、なぜでしょうか?

それはいつも自分の顔や姿を気にしていると、無意識に血行や新陳代謝がよくなり、若さが保てるようになるからです。

逆にたまにしか鏡をのぞかない人は、あるとき自分の顔を見てハッとすることがあります。

「何だか、しわが気になるわ」

「ちょっと、ほうれい線が目立つようになったかな」

どんなに美人でもイケメンで若さに自信があっても、放ったらかしで何のケアもしなければ、瞬く間に老け顔になり、しわやたるみが気になりだします。

さらに、手入れを怠《おこた》ると肌荒れや吹き出物などで、顔が不健康になり、見栄えもしなくなってしまうのです。

鏡を見るのがつらい人はますます老け込む

年齢以上に若々しい人は、いつでもどこでも鏡を味方につけています。

三十代や四十代になると、自分の顔を見るのがだんだんつらくなってきます。

「肌が荒れているわ」

「しわが少し増えたみたい」

など、鏡を見るたびに気が滅入ることになります。

しかし、それで鏡を見なくなると、余計に老け顔や老化現象が進むことになります。

自分の体に関心をなくすと器官が退化して、体の不調も引き起こすことになります。

気が進まなくても、毎日鏡を見てじっと自分の顔を観察することです。そして、どこかよいところを見つけてほめてやる、これが大切なのです。

鏡を見るだけで美と健康のサイクルができあがる

「今日はお化粧のノリがいいわね」

「今朝はお肌がツヤツヤしているわ」

「目元がスッキリして素敵」

こんな自画自賛の言葉をかけると、自信が湧《わ》いて、本当に美しくなるから不思議です。

これは自分をほめることで体の器官が反応して、血行やリンパの流れもスムーズになり、新陳代謝が活性化して、老廃物もスッキリ流してくれるからです。

美しくなるということは、若さを保つ、さらに若返ることにもつながっていきます。

若返りの秘訣は顔が十割！

少し前に『人は見た目が９割』（新潮新書）という本がベストセラーになりましたが、

まさに顔つきや仕草、物腰、姿勢、話し方など「見た目」が第一になってくるというテーマでした。

心理学的にいうと、人間が伝達する情報の中で、「会話」つまり話す内容が占める割合は7％にすぎません。

端的にいうと、「外見」や「見てくれ」が九割以上を占めることになるのです。「一目惚れ」という言葉がそのことをよく言い表しているし、それほど第一印象が大切なわけです。

そのときまず初めに目に入る部分、それは「顔」で、顔つきには心で思っていることが意外に表れるものです。

やましいところあればおどおどした目つきになるし、不平不満であふれているならば、口元がゆがんでしまいます。逆に、心の底から笑顔を見せる人は、相手を安心させて、心を開かせる効果があるのです。

したがって、まず人に信用されるためには、柔和な目つきで、口元はいつも微笑んで応対することですが、それよりも何よりもいちばん大切なのは、いつも若々しい表情でいることです。

それにはまず、肌を若く保つ、さらにより若返りを図ること。

特に顔のしわやしみ、たるみ、ほうれい線などは、あるとないとでは、10歳以上差が出てくることになります。

女も男も老け顔や老化現象は気から

自分の顔を見て、

「もう歳《とし》だから仕方がないわ」

「歳をとればしわが出るのも当たり前」

と諦《あきら》めてはいませんか？

実はこの諦めが、さらなる老け顔や老化現象を引き起こすのです。

よく「病は気から」といわれますが、「老化現象も気から」なのです。

諦めた瞬間から老化現象がどんどん進んで、一晩にして白髪《しらが》だらけになったという、笑えない話も聞きます。

実は最近男性でもしわやたるみ、ほうれい線を気にする人が増えています。

いつも若々しさを保ちたいという気持ちは、性別には関係ないのです。

要は心の持ち方が大切です。

これから本書で紹介する若々しさを保つ方法も、男女関係なく効果があります。

ポジティブスタイルがアンチエイジングの秘訣

老化現象が現れやすいのが髪の毛やお肌ですが、精神的な影響がとても大きい器官です。

したがって、ストレスを溜めずに、ポジティブな姿を見せることが大切です。

特に肌は前述したように、ほめてあげることがアンチエイジングの秘訣なのです。

こうして、肌を内面から若返らせることはもちろんですが、それだけでは不十分です。

実際の若返りのテクニックとしては、顔の筋肉（表情筋《ひょうじょうきん》）を整えることでかなり見た目が違ってきます。

さらに、東洋医学で効用が証明されてきたツボや反射区（ゾーン）を刺激することも、大いに効果があります。

よくツボは、素人では正確な位置を見つけることが難しいといわれますが、実は正確な位置でなくても効果は上がるのです。

私はこれを楽に見つけられて、楽に押せるので〝楽ツボ〟と呼んでいます。押してみて気持ちがよいとか少し痛いとか、何か感じる箇所を押すだけでも大丈夫です。

さらに、体中に広がる反射区をもんだりさすったりするだけでも、よいのです。反射区とはリフレクソロジー（反射学）の基本になる理論ですが、素人でも簡単に見つけることができて、いつでもどこでも行えることがメリットです。

肌は新品の白いハンカチ

女性の大敵である老化現象としてあげられるのは、しわやたるみ、むくみ、ほうれい線などですが、これらは心の持ちようとちょっとしたケアで、すべて解決されるのです。

いままで、「私には無理かも」とか「誰でも歳をとるんだから」とあきらめてきた人は、ぜひ本書で紹介する方法を試してみてください。

正しく理解して実践して頂ければ、驚くほど効果が上がるでしょう。


よく肌は〝白いハンカチ〟に例えられます。

最初は新品で、パリッとのりがきいて、まぶしい白さでくすみひとつありません。

そしてきれいに繊維の目がそろっていて、これは生まれたままの赤ちゃんの肌と一緒です。

それが、繰り返し使用するうちに、色がくすんでだんだんヨレヨレになってきます。しわになったり、しみがついたり、ほつれてきたりするのです。

そんなときには、やさしくいたわって、しわを伸ばしてやり、しみ抜きをしてやり、糸で修繕してあげることが、長持ちする秘訣です。

肌もまったく同じ要領で、大事にいたわって、日頃からお手入れを怠らず、ケアをしっかりすることで、何年でも若々しくみずみずしい状態を保てるのです。

また、一度衰えたお肌もお手入れのやり方を改善すれば、みるみる甦っていくことになります。


タレントや女優さんは人に見られる商売ですから当たり前ですが、一般の人でもイキイキとした表情の人は若々しく、生き方も前向きになります。

顔が若々しければ生き方もポジティブになり、周囲の人の反応も変わってきます。人とのコミュニケーションもよくなり、仕事のやり方や生活態度も変化して、人生まで変わってしまうのです。

私もここで紹介する方法を自ら実践しているので、10歳以上若く見られます。知り合いの編集者とたまたま、「先生がいつも若々しいのはどうしてですか?」という話をしていたのがきっかけになり、本書の出版につながったのです。

本書では、あなたの人生を楽しくポジティブにする方法を、余すところなく紹介しますので、どうか期待して読んで頂ければ幸いです。

もくじ――1日5分で見た目が10歳若返る！

第2章 ほっとくと危ないむくみ・しみ・くま！

第3章 楽ツボと反射区マッサージで若肌が甦る！

第4章 姿勢矯正と内臓機能アップで体の芯から若返る！

第5章 1日3分3ヵ月のマッサージで老け顔が消える!

もくじ

第6章 こんなユルユル生活にスゴイ若肌効果が！

1日5分で見た目が10歳若返る！

――顔のしわ・たるみ・ほうれい線・しみ・くまが消える

編集協力：アイブックコミュニケーションズ

プロローグ

アッという間にしわ・たるみ・ほうれい線が消えるメソッド！

しわやたるみ、ほうれい線がアッという間に消える応急処置

明日、大事なイベントがあるというときに、顔のしわやたるみ、ほうれい線が気になって仕方がないという場合がありますね。

ここで紹介するのは、そんなときに試して頂きたい方法です。

応急処置的にしわやたるみ、ほうれい線の老化現象をなくして、老け顔からすっきり若々しい顔に戻してくれます。

ここで紹介する若返りの〝ワザ〟を実践すれば、5分間でしわやほうれい線が消えて生まれ変われます。

ただし、あくまで緊急避難的に行う処置ですので、二、三日もすれば元の残念な顔に戻ってしまう可能性があります。

根本的に治すには、本書を最後までしっかり読んで頂いて、その処方箋を学び取ってください。

目尻のしわは一本ずつほぐしていくのが正解

基本的に顔の三大老化現象といわれる「しわ」「たるみ」「ほうれい線」は、皮膚のたるみからきています。

なぜ皮膚がたるむかといえば、顔の筋肉が凝《こ》っていたりゆがんでいたりするのが原因です。

そのコリやゆがみを治せば、しわやたるみ、ほうれい線は一時的に解消されます。

まずしわからですが、中でもいちばん気になるのは目尻のしわでしょう。

鏡を見て、ニッコリ笑うとできてしまう目尻のしわがとても気になるという人が多いようです。

年相応だと考えれば仕方がないのですが、小じわが目立ってくると、やはり納得できなくなりますね。

目元や目尻のしわは、乾燥、水分不足も主な原因ですが、加齢のせいで目尻が下がってしまうケースもあります。

そこで、一本ずつほぐしていくことが大切です。

目を閉じて、目尻に人差し指を当てて、左右同時に円を描くようにくるくる回していきます。↓（P25参照）

さらに、人差し指と中指、薬指の三本を伸ばして、目尻に当てて真横に引いて、元に戻します。これを10回繰り返します。

そうすると、不思議なくらいにしわが目立たなくなっているはずです。

「攅竹《さんちく》」と「絲竹空《しちくくう》」のツボ押しで目の周りの血行がよくなる

また、目の周りの血行を改善し、顔のくすみや目尻の小じわ、疲れ目にも効くツボ「攅《さん》竹《ちく》」をマッサージすると、効果が長持ちします。

目尻のしわほぐし

①目を閉じて、目尻に人差し指を当てて、左右同時に円を描くようにくるくる回す。

②次に、人差し指と中指、薬指の三本を伸ばして、目尻に当てて真横に引くようにして、元に戻す。

ポイント
目尻にしわは１本ずつほぐしていく。これを10回繰り返す。

ここから紹介するツボもすべて〝楽ツボ〟ですから、楽に見つけられて楽に押せます。

「攅竹」は眉毛内側の端にある、大きくくぼんだ部分にあり、そこを親指、または人差し指の腹で、やさしく上に持ち上げるように押します。

左右同時に10秒間押し、ゆっくりと離して、これを10回繰り返します。グルグルと回すように押してもＯＫです。↓（Ｐ27参照）

もうひとつ目尻のしわに効くのが「絲《し》竹空《ちくくう》」です。

「絲竹空」は眉毛の外側にある小さな骨のくぼみにあり、目尻のしわやしみの予防、顔全体のむくみや疲れ顔にも効果的です。

中指の腹を使って、やさしく10回ほどゆっくりと押すと、目の充血や疲れ目、眼精疲労や頭痛も解消できるので、仕事の合間に試してみてください。↓（Ｐ27参照）

目尻のしわに効くツボ「攅竹《さんちく》」と「絲竹空《しちくくう》」

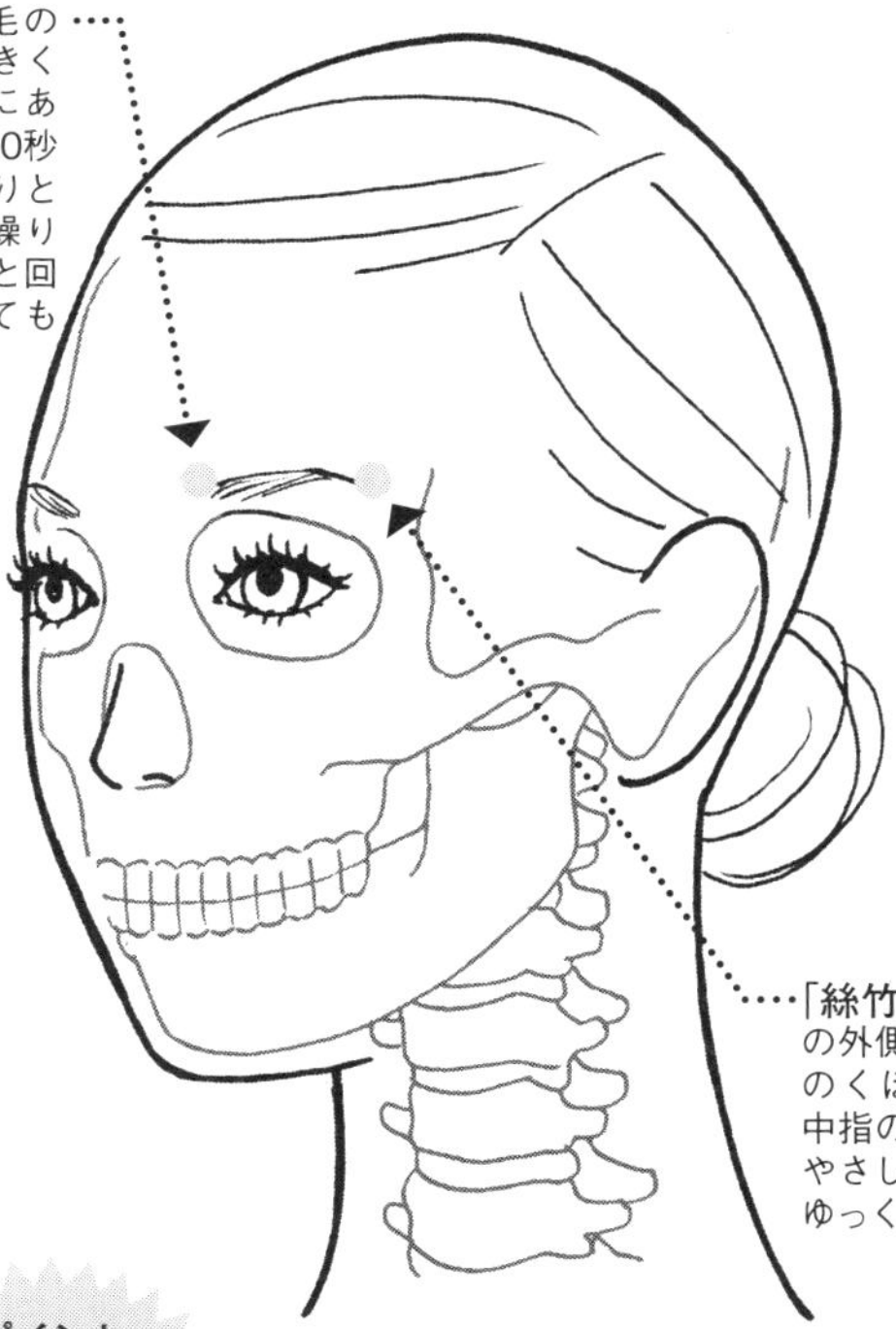
「攅竹」…眉毛の内側の端の大きくくぼんだ部分にあり、左右同時に10秒間押し、ゆっくりと離すのを10回繰り返す。グルグルと回すように押してもOK。
「絲竹空」…眉毛の外側の小さな骨のくぼみにあり、中指の腹を使って、やさしく10回ほどゆっくりと押す。

ポイント
目の周りの血行をよくし、疲れ目にも効果あり。

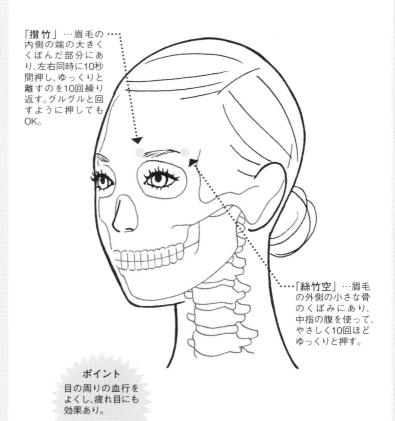

目元は目のトラブルが一番出やすい場所

目尻のしわが気になる人は、目元の小じわも気にかかりますね。

ちりめんじわがもっとも現れやすいのが目の下、涙袋《なみだぶくろ》です。

ちりめんじわは、乾燥で皮膚表面のしなやかさが失われてできる浅いしわです
涙袋は目の下にあるぷっくりとふくれた部分のことで、たるんでふくらみが下がると、横じわができます。

涙袋が大きくたるむと、くまになりやすいので注意してください。

寝不足や目の疲れ、パソコンの使いすぎなどが原因で、たるみやくまなど、目のトラブルが一番出やすい場所でもあります。


軽く目を閉じて、目頭の下に人差し指を当てて、目元に沿って円を描きながらマッサージしていきます。↓（P30参照）

くるくると解きほぐすようにして、目尻まで移動していき、また元に戻り、これを10回ほど繰り返します。

目元のしわには「球後《きゅうご》」、目元のくまには「太陽《たいよう》」のツボ

目元のしわ、たるみ解消には「球後《きゅうご》」というツボが効きます。↓（P30参照）

「球後」は目尻から目の下までの真ん中あたりの、骨のくぼみにあり、寝不足でまぶたや目がピクピクするような眼瞼《がんけん》けいれんや眼瞼まひに効果的です。

人差し指をツボの上に横向きに当てて、目尻に向かって軽く左右に小さく動かしていくと、〝気〟の循環がスムーズになり、むくみやしわが取れ、腫れぼったいまぶたをすっきり解消してくれます。

また目元のくまには「太陽《たいよう》」というツボが、効き目があります。

「太陽」は眉尻と目尻から髪の生え際の間の、少しくぼんでいる部分のこめかみにあり、

目元のしわに効くツボ「球後《きゅうご》」と くまに効くツボ「太陽《たいよう》」

「球後」…目尻から目の下までの真ん中あたりの、骨のくぼみにあり、人差し指の腹をツボの上に横向きに当てて、目尻に向かって軽く左右に小さく動かしていく。

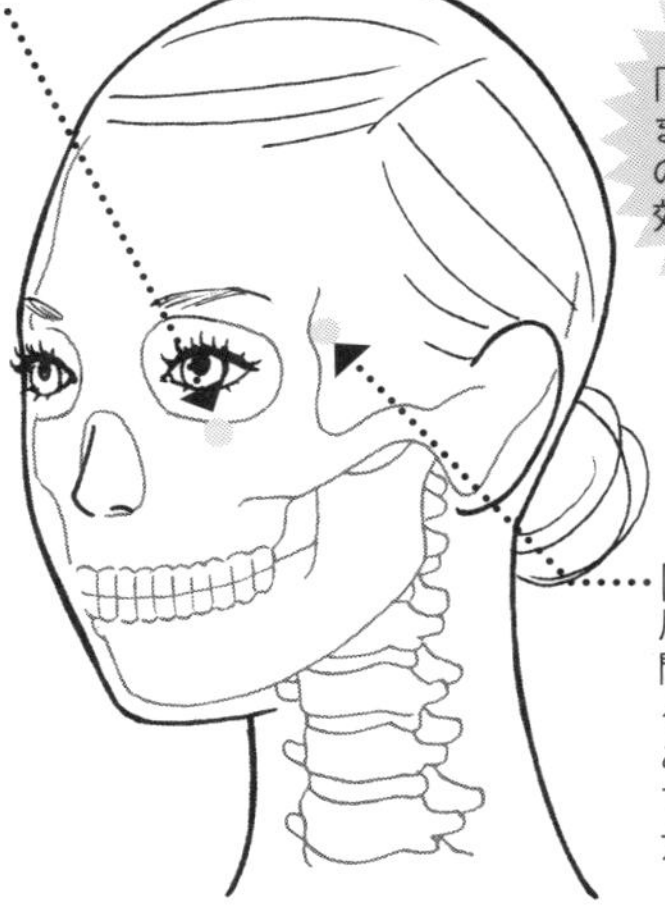

ポイント
「太陽」は目元のくま、「球後」は目元のしわ、たるみに効果あり。

「太陽」…眉尻と目尻から髪の生え際の間の、少しくぼんでいる部分のこめかみにあり、両手の人差し指でツボを押さえ、軽く力をかけながら押す。

目元のしわほぐし

ポイント
目元に沿って10回ずつ繰り返す。

軽く目を閉じて、目頭の下に人差し指を当てて、目元に沿って円を描きながらマッサージしていく。くるくると解きほぐすようにして、目尻まで移動していき、また元に戻る。

目の疲れや老眼などの目のトラブルから、頭痛やパソコンによる疲れ目の人には、特に効果があります。

両手の人差し指でツボを押さえ、他の指は軽くそえる程度で、自分で気持ちがいいと感じるくらい、ゆっくりと力をかけながら押してください。

まぶたのたるみには目の上と下で円を描いて解消する

顔のたるみは、まぶたやほお、あごに現れます。

まぶたがたるむと、顔の輪郭がぼやけて、老けたイメージが強くなります。

その原因は、主に加齢だといわれています。

年齢を重ねると、自然に皮膚の筋肉がゆるんで、ハリも失われていきます。

特に、目の周りを覆っている眼輪筋《がんりんきん》が弱ると、まぶたがゆるんできてしまうのです。

たるみを解消するには、眼輪筋をマッサージして引き上げることです。

人差し指と中指、薬指の三本で、涙袋の下を、やさしく目の縁の骨を弱い力でこするよ

うに、目頭までグルグルと円を描いて回していきます。↓（P33参照）

さらに、目の上の眼輪筋もほぐすようにして、目頭と目尻をやさしく目の縁の骨をこするように、円を描いていきます。

目の上と下で各10回ずつ行います。

「瞳子髎《どうしりょう》」というツボで疲れ目が改善、集中力もアップ

また「瞳子髎《どうしりょう》」というツボも効果があります。

「瞳子髎」は目尻の約一センチ外側の、目尻のくぼみにあり、乾燥肌や肌荒れ、また、目尻の小じわや目の周りのたるみの解消にも効きます。

人差し指の腹を使ってやや軽く押すと、目の疲れやかすみ目が改善されて、集中力のアップにもつながります。

「瞳子髎」は体熱のバランスや水分代謝を改善する働きもあるので、ここを刺激すると目の充血を解消して、周囲の血液や体液の流れを改善します。

まぶたのたるみを解消

ポイント
目の上と下で各10回ずつ行う。

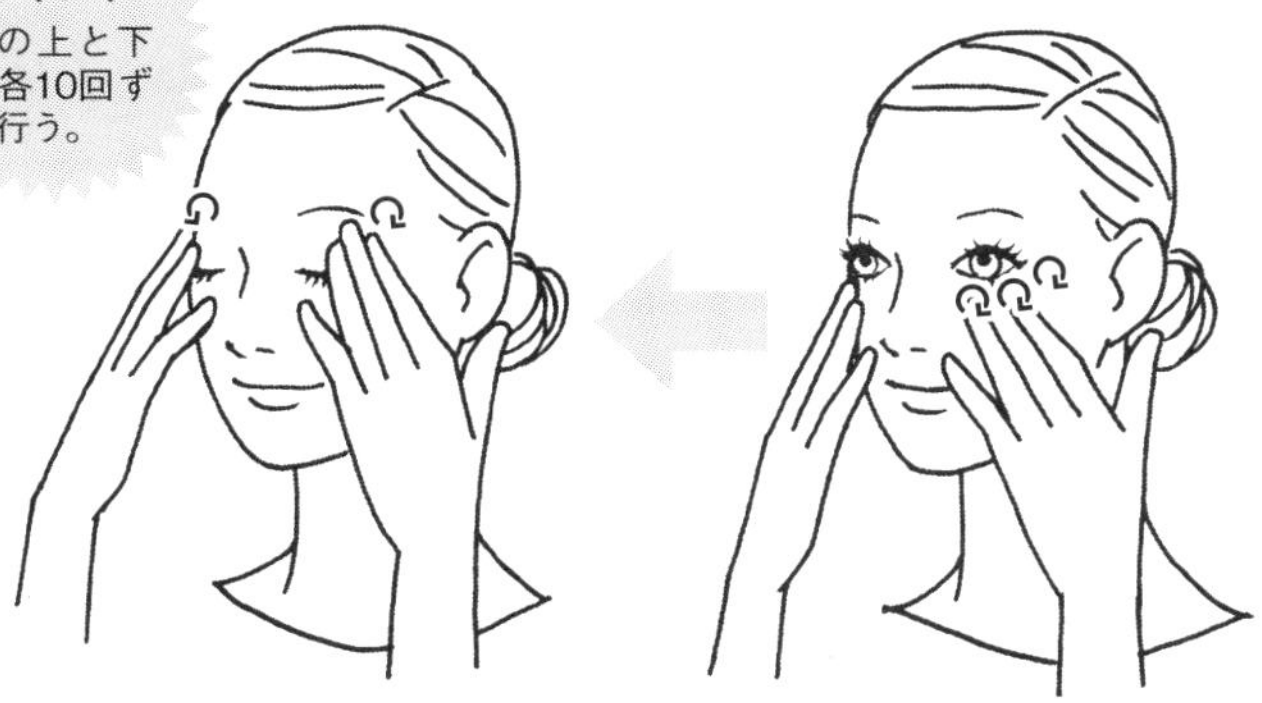

②次に、目の上の眼輪筋もほぐすようにして、目頭と目尻をやさしく目の縁の骨をこするように、円を描いていく。

①人差し指と中指、薬指の三本で、涙袋の下を、やさしく目の縁の骨をこするように、目頭までグルグルと円を描いて回す。

目元のしわに効くツボ「瞳子髎《どうしりょう》」

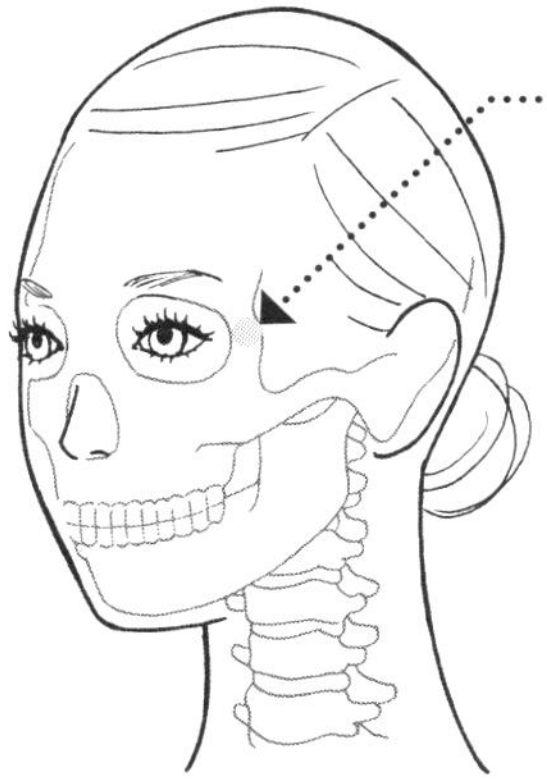

「瞳子髎」…目尻の約1センチ外側の、目尻のくぼみにあり、軽くソフトに、なぞるようにマッサージする。

ポイント
眼精疲労の改善と集中力アップにもつながる。

目の周りにある皮膚はとてもデリケートなので、力を入れて強く押したりこすったりしてはいけません。

軽くソフトに、なぞるようにマッサージするのがポイントです。

特に、目をよく使う仕事や長時間パソコン作業をする人は、作業の切れ目や休憩時間にマッサージしてください。

顔にあるツボをマッサージするだけなので、仕事の合間でも、手軽に肌の手入れができます。

また、蒸しタオルを使えば、さらに効果がアップします。

濡らしたタオルをラップに包んで、電子レンジで約1分間温めれば、蒸しタオルが簡単にできます。

これを、細長くたたみ目の幅に合わせて、目の上にのせるだけでも、目の周りの血行が促され、血の巡りがスムーズになります。

顔のくすみやむくみにも効果的ですので、ぜひ試してみてください。

ほおのたるみこそ筋肉のマッサージ効果で改善

ほおのたるみは、急激に老けた印象を与えます。

ブルドッグ顔になると、精神的にもショックを受けて、ますます落ち込むことになりかねませんから、早めに処置を行うことです。

ほおを覆《おお》う筋肉（咬筋《こうきん》）と顔の皮膚を支える筋肉（側頭筋《そくとうきん》）をマッサージして機能を回復することが重要です。

まずほおの下に、人差し指と中指、薬指を置き、口角の位置まで上中下と三カ所に分けて、強く押すようにしながら前後に動かします。↓（P36参照）

次はこめかみに人差し指と中指、薬指を当てて、円を描いて押し回す感覚でマッサージします。

左右10回前後繰り返すと筋肉が引き締まり、ほおのたるみが改善されます。

ほおのたるみを解消

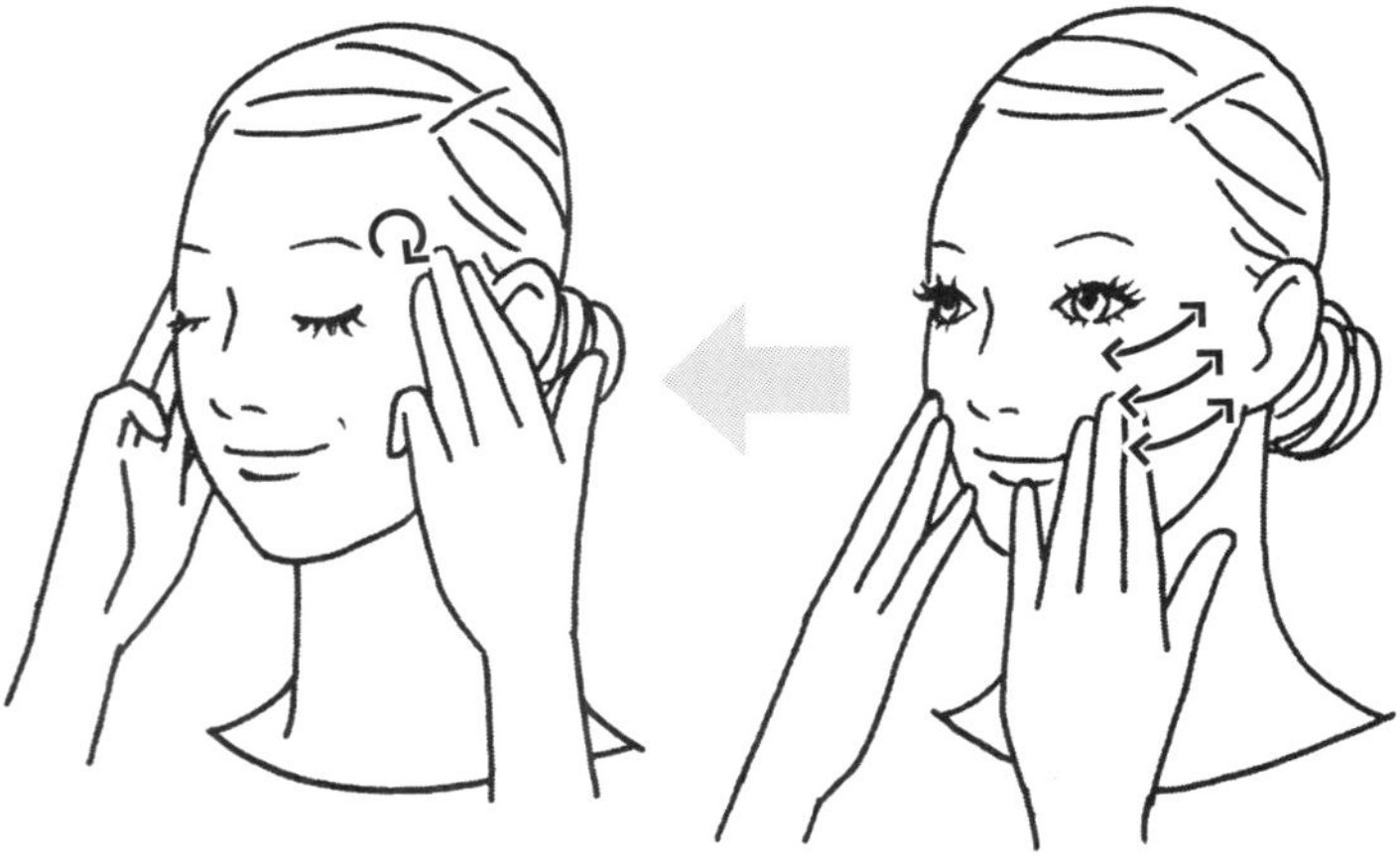

①まずほおの下に、人差し指と中指、薬指を置き、口角の位置まで上中下と三ヵ所に分けて、強く押しながら前後に動かす。

②次は、こめかみに人差し指と中指、薬指を当てて、円を描いて押し回す感覚でマッサージする。

ポイント

左右両方で10回前後繰り返すと、筋肉が引き締まる。

あごのたるみを取ればスッキリと小顔に

たるみ解消の最後はあごです。

あごの下が硬くなると、たるみだけでなく、リンパの流れや血行を圧迫してむくみの原因になります。

さらに、二重あごになったり顔が大きく見えたりして、老けて見栄えが悪くなります。

そこであごの筋肉のマッサージで、スッキリした小顔を目指します。

まず首のコリをほぐすために、両手をあごの下でクロスして、人差し指と中指、薬指の三本で、耳の下から鎖骨にかけて前後にほぐすようにします。↓（P38参照）

やや強めにさすりながら、上から下に鎖骨の前まで、10回程度続けます。

次にあごの下のくぼみに親指を当てて、左右に向けてほぐすようにマッサージします。力を入れて左右に10回程度動かしますが、皮膚を動かすのではなく、奥にある筋肉をほぐすイメージで行います。

あごのたるみを解消

②次に、あごの下のくぼみに親指を当てて、左右に分けてほぐすようにマッサージする。

①両手をあごの下でクロスして、人差し指と中指、薬指の三本で、耳の下から鎖骨にかけて前後にほぐす。

ポイント
力を入れて、皮膚ではなく、筋肉を左右に10回程度動かす。

急に老け顔になる原因がほうれい線

老け顔の象徴といえばほうれい線をあげる人が多いのですが、若い頃は目立たなかったものが、歳をとるにつれて深くなります。

鼻から口元に向かって伸びた二本の線を差しますが、女性が急に老け顔になる原因が、このほうれい線です。

笑ってもいないのに、口元にクッキリと現れて、5歳〜10歳は老け込んだように見えてしまうこともあります。最近では、男性でも気にする人が増えています。これがあるのとないのとでは、表情も笑顔もかなり変わってくるのでとても気になるのです。

ほうれい線は、顔の表情の動きによってできるしわのひとつですが、肌のたるみと老化が大きな原因です。

若いときには顔のハリや弾力があるので、笑ってもすぐに消えます。

しかし、肌のハリや弾力が失われると、なかなか元に戻らずに、ほうれい線として、口元にクッキリと現れるようになってしまいます。

ほうれい線を消す三つのマッサージとは？

そこで、肌のたるみや筋肉をほぐすことで、自然なリフトアップを図ります。

それには、顔をやさしくマッサージすることがお勧めです。

まず口を閉じて、軽く笑顔をつくります。

そうすると、ほうれい線が浮き上がってきますが、その上に人差し指を乗せて、円を描くように上から下にマッサージしていきます。↓（P41参照）

同じ要領で下から上に移動して、マッサージします。また、両手で拳《こぶし》をつくり、両ほおの前から耳にかけて、拳でグルグルと刺激するようにさすります。

さらに、唇のすぐ外側に人差し指、中指、薬指の三本を当てて押しながら、鼻の下と上唇の間をゆさぶるように動かしてもみほぐします。

下唇の下側も同じように、あごと下唇の間をゆさぶるように、もみほぐします。

ほうれい線を消す

ポイント
口元の筋肉をほぐすように、各10回程度繰り返す。

①まず口を閉じて、軽く笑顔をつくり、浮き上がったほうれい線の上に人差し指を乗せて、円を描くように上から下にマッサージする。

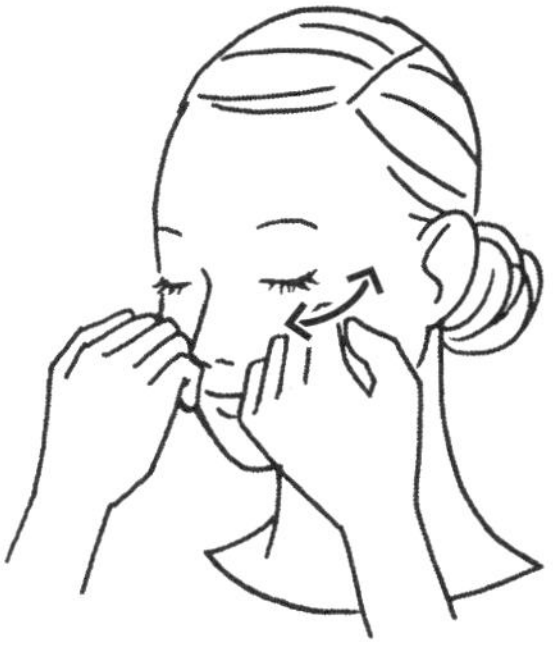

②次に、両手で拳をつくり、両ほおの前から耳にかけて、拳で刺激するようにさする。

③さらに、唇のすぐ外側に人差し指、中指、薬指の三本を当てて押しながら鼻の下と上唇の間をゆさぶるように動かしてもみほぐす。下唇の下側も同様にもみほぐす。

ほうれい線を消すツボ「巨髎《こりょう》」

「巨髎」……鼻の両脇から横へ伸ばした線と黒目からまっすぐ下に下ろした線が交わるところにあり、人差し指の腹をあてて、垂直に軽く押す。

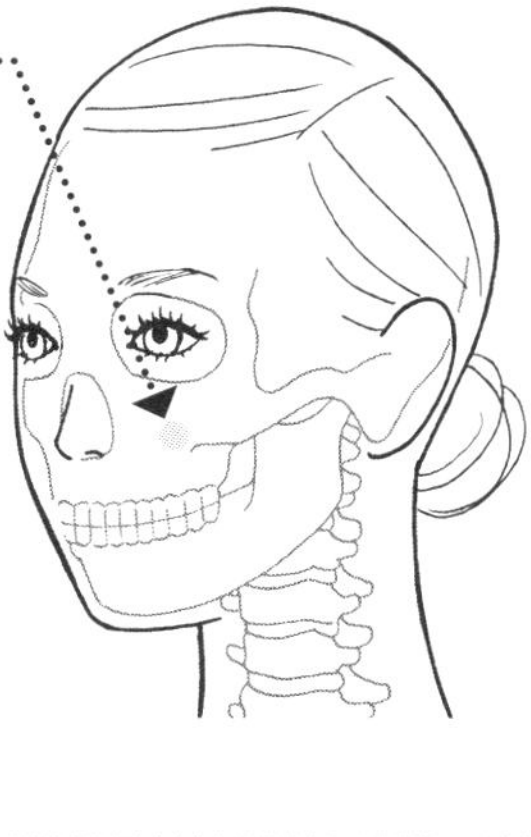

これは、ほおの筋肉の下につながっている口元の筋肉をほぐすマッサージで、各10回ほど行います。

この筋肉が凝っていると、ほおがたれてきて、ほうれい線の原因になります。

口角の下の部分を同じように押して痛く感じるのは、凝っている証拠です。

ほお骨の下にある「巨髎《こりょう》」はほうれい線解消のツボ

ほうれい線に効くツボもあります。

ほお骨の下にある「巨髎《こりょう》」は、ほおの筋肉と肌のハリをアップしながら、ほうれい線を解消してくれるツボです。↓（P41参照）

別名「笑顔のツボ」と呼ばれていますが、鼻の両脇、小鼻から横へ伸ばした線と黒目からまっすぐ下に下ろした線が交わるところにあります。

ここに人差し指の腹をあてて垂直に軽く押します。

左右同時に10秒間押して、ゆっくりと離す、これを10回続けます。

ほうれい線の解消のほかに、ほおのむくみやたるみ、口や目のゆがみも改善します。

また、肌の皮脂分泌を正常化させる作用もあるので、乾燥肌の防止にも効果があります。

「ベロ回し」はいつでもどこでも行える究極のエクサ

最後に、究極のほうれい線の解消方法を紹介しておきましょう。

それは口の中で舌を回す運動で、通称「ベロ回しエクサ」と呼んでいます。

舌を回すことで、口周りの筋肉が鍛えられ血行も促進されるので、ほうれい線の防止や解消に効果があります。

まず口を閉じた状態で、左回りに舌を歯に沿ってゆっくりと回します。

これを10回行います。

さらに同じ要領で、逆の右回りに行います。

左右で1セットとして、一日3セット行います。

ベロ回し＆前後動かしエクサ

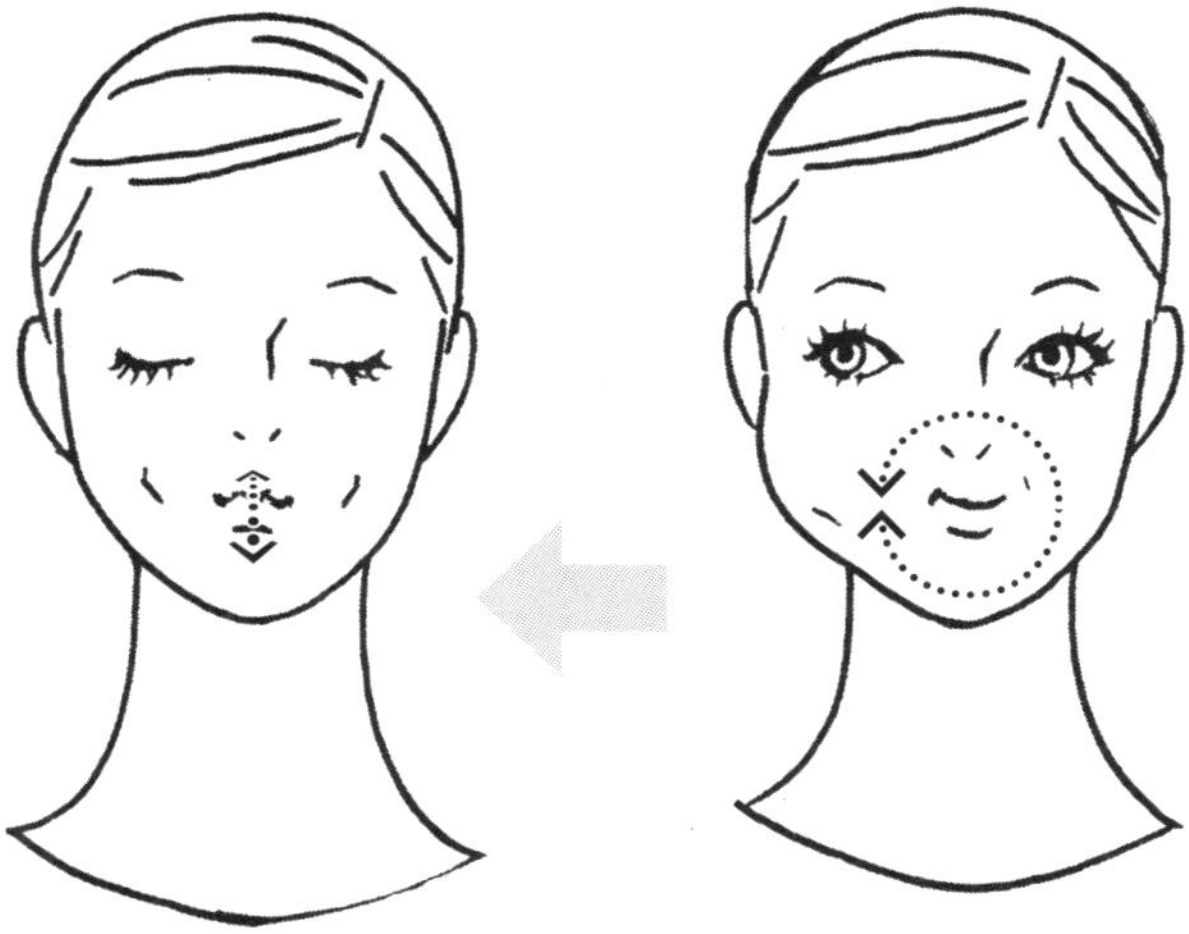

①口を閉じた状態で、左回りに舌を歯に沿ってゆっくりと回す。次に右回りも同様に行う。

②次に、舌を前後に動かすようにする。

ポイント

左右10回を１セットとして、３セット行う。ベロ出しは3分程度。

最初は後頭部が痛くなって、10回できないこともありますが、それは筋肉が弱っている証拠なのです。

無理をせずに数回からスタートして、だんだん回数を増やしていくのがよいでしょう。

ベロ回しエクサと合わせて、舌を前後に動かすエクサも行うと、筋肉の血行が促進されて、顔のむくみや二重あごも解消されます。

これは一日3分程度行うとよいでしょう。

ベロ回しエクサや前後動かしエクサは、いつでもどこでもできるので、普段から習慣づけておくことです。

5分間でしわやほうれい線を消すための効果的実践法

ここまで、しわやほうれい線を消すための応急処置を解説してきましたが、本章の最初で述べたように、5分間で効果を出すためには、次のような組み合わせで実践してみてください。
・目尻と目元のしわ伸ばし…1分間→P25・P30参照
・まぶたとほお、あごのたるみ解消…2分～2分30秒間→P33・P36・P38参照
・ほうれい線の解消…1分30秒～2分間→P41参照
　合計…約5分間
〝楽ツボ〟押しは応急処置というより持続法なので、すぐに目に見える効果が期待できるマッサージ法を中心に構成しました。
人によって効果の度合いは変わりますので、より高い効果を求めて、自分なりの組み合わせを考えてみることも大切です。
ここで紹介したしわやたるみ、ほうれい線解消の応急処置を理解しておけば、いざというときにすぐに効果を発揮してくれるでしょう。

第1章

顔のコリやゆがみをほぐせば10歳若返る！

現代人から顔の表情が消えた！

最近顔の表情が希薄な人が増えてきました。

笑わない人、喜ばない人、怒らない人、話さない人、こんな人が私たちの周りにはたくさんいます。

私の治療院に来られる患者さんにも、初診の際いろいろと症状を聞きますが、目を背けて無表情でボソボソ話す人が多いのです。

中には、質問に対して返事もろくにできない若者もいます。

そんなときには、しっかりと相手の目を見て答えるように伝えるのですが、すぐにまた元に戻ってしまいます。

なぜこんなことになってしまったのでしょうか？　答えは簡単です。

パソコンやスマホばかりいじって、人とコミュニケーションをとらなくなっているからです。

仕事でもプライベートでも、本当に人と話す機会が少なくなっています。

朝出勤してパソコンに向かって、一日中キーボードを打ち込んで、お昼休みもコンビニで弁当を買ってデスクで食べたり、ひとりで食べに出たりして、朝夕のあいさつ以外は会社の同僚とも話さない人が多いといいます。

ひと昔前なら、昼休みは同僚と安くて美味しいランチを探して、ワイワイと賑やかに食べたり、先輩から誘われて仕事の相談をしながら奢《おご》ってもらったり、コミュニケーションの機会はふんだんにありました。

最近は上司や先輩が誘っても断られたり、あまりよい顔をされなかったりするので、後輩や若い社員を誘わないようにしているようです。

これでは、会社に行ってもひと言も話さずに帰宅することになります。

人間関係が顔のコリを引き起こす

人間関係が薄い、こんな状態が続くと、顔の表情が希薄になり、まったく消えてしまうことになりかねません。

いつも無表情で、能面のような顔になってしまいます。

その結果起こるのは、顔のコリです。顔の表情がなくなると同時にコチコチに凝り固まって、ゆがみも起きてきます。

そうすると血行も悪くなり、肌の新陳代謝も衰えてきて、合わせてリンパの巡りも悪くなり、顔に老廃物が溜まってくるのです。

老廃物は当然老化の原因になりますから、しわやたるみ、くすみ、くまができたり、ほうれい線が現れたりします。

若い頃なら、新陳代謝が活発なのですぐに老廃物を排出して、ツルツルの顔に戻るのですが、歳をとるとなかなか回復しなくなります。

さらに顔のコリが代謝機能を妨げて、老廃物が溜まっていき、ますます老化現象が進むことになります。

リンパ液は顔の筋肉で流されている

新陳代謝には、酸素や栄養素を運搬する血液の他にリンパの流れも大きく関係しています。

リンパ液が流れるリンパ管は、人間の体の中に網の目のように張り巡らされていて、体内の老廃物や疲労物質を回収するという大切な役目を果たしています。

リンパの流れが悪くなると、老廃物や毒素が体内に溜まり、しわやむくみ、たるみを引き起こす原因になります。

さらに、リンパには細菌やウイルスなどを防御する働きもあるので、流れが悪くなると体調不良を起こすことになります。

女性の場合、よくエステサロンなどでマッサージをしてもらうと、驚くほど顔や脚のむくみが取れてスッキリしますが、それはリンパの流れを促し、老廃物を排出させるからです。

それほど美容と健康に影響があるリンパですが、リンパ管はとても細いので、その周りの筋肉が動くことで、リンパ液が流れるというしくみになっています。

通常はリンパ管の中をとてもゆっくり流れていますが、筋肉の動きが足りないと、すぐにリンパ液は流れなくなります。

また不規則な生活やストレスなどで老廃物が溜まることも、リンパ液の流れを悪くする原因になるのです。

したがって血液と同様に、顔のコリがあるとリンパの流れが悪くなり、老化の原因になります。

三十代でも肌がパサパサな人と還暦でも若々しい人との差は？

これまでお話ししてきたように、顔のコリや無表情は、新陳代謝を阻害して、老廃物を溜めて、一気に老け込んでしまう要因になるのです。

その辺のメカニズムをもう少し詳しく説明しておきましょう。

日頃からストレスを溜めて、無表情な状態を続けていると、顔の筋肉が凝り固まり、皮膚の新陳代謝機能も衰えてきます。

皮膚の下に老廃物や、さらに脂肪も蓄積して、重力の影響で皮膚が下がってしまいます。

こうなると、血液の循環も妨げられて、細胞に水分が行き渡らなくなり、皮膚が乾燥しやすくなります。

老廃物や脂肪の蓄積がむくみやたるみの原因になり、皮膚の乾燥によってしわができてしまうのです。

これは自然な老化による現象ともいえるのですが、個人差や生活環境によって大きな差が出ることになります。

三十代でも肌がパサパサで10歳以上も老けて見える人、還暦でもみずみずしく若々しい人、女性だけでなく男性でも、年齢以上に若々しく見られたいものです。

ですから、世の中のすべての人にとって、顔のコリや無表情は大敵なのです。

若々しく美しい肌とはどんな肌？

皮膚の表面を拡大してみると、縦・横・斜めに細かい溝ができています。

この溝を「皮溝《ひこう》」、皮溝に囲まれて盛り上がった部分を「皮丘《ひきゅう》」と呼んでいます。

浅い皮溝と細かい皮丘が規則正しく並んでいると、肌はきれいに見えて、さらに適度な潤いと弾力性が加わると、若々しく美しい肌になります。

もともと皮膚は、外部との境界として、有害物質から体を守る役割をしています。

各層には多くの細胞が集まって、それぞれの役目を果たしています。

例えば、脂肪層には皮脂があり、皮膚の潤いを保つと同時に、外からの刺激をブロックする機能があります。

若々しい肌を保つために「ターンオーバー」を繰り返している

細胞は若々しい肌を保つために、絶えず生まれ変わっていますが、そのメカニズムを「ターンオーバー」といいます。

表皮細胞は絶えず細胞分裂を繰り返して、古い細胞は次々に体外に排出されます。

表皮細胞は表面から角質層《かくしつそう》、顆粒層《かりゅうそう》、有棘層《ゆうきょくそう》、基《き》底層《ていそう》で構成されていますが、内部から生まれ変わりながら、上に押し上げられて、二週間ほど角質層に留まった後に、垢《あか》やふけになり排出されます。

ターンオーバーのサイクルは個人差もありますが、おおよそ二十八日間（四週間）といわれています。

この周期は、乾燥や紫外線、ケガなどで肌が傷ついたり、加齢や睡眠不足によって変化します。

加齢の場合には、代謝機能が落ちるのでターンオーバーの周期は長くなりますが、その分マッサージやケアなどで防ぐことができます。

皮膚のたるみは四層構造の変化で起きる

皮膚は、図のように四層に分かれていて、表皮の下に真皮《しんぴ》、その下に皮下組織《ひかそしき》として脂肪層があり、最深部に筋肉（表情筋《ひょうじょうきん》）が連なり、脂肪層と筋肉の間には筋膜《きんまく》が存在します。

↓（P57参照）

皮膚のたるみは、この四層がいろいろな理由で変化することから起こります。

まず、表情筋はもともと薄い層でできており、使わないと衰えやすくなります。

一定方向に引っ張られ続けたり、凝り固まったりすると弾力性がなくなり弱ってきます。

皮膚の四層構造

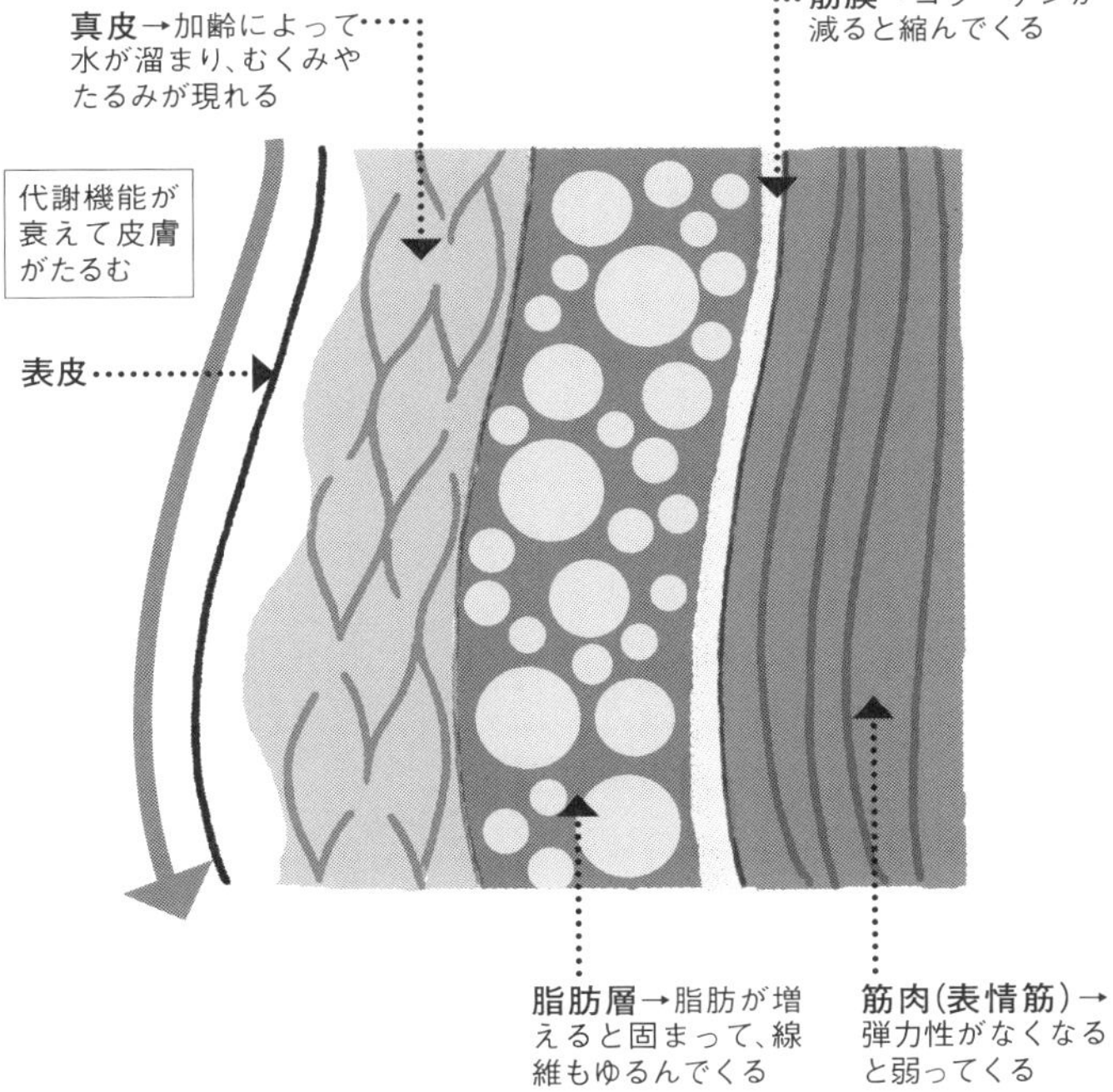

ポイント
肌のたるみはいろいろな原因でこの四層が変化することで起こる。

次に表情筋の表面を束ねている筋膜は、コラーゲンが豊富な組織ですが、加齢によってコラーゲンが減ると縮んでしまいます。

三番目は脂肪層で、脂肪が増えると個々の細胞が大きくなって重くなり、固まってセルライト化してしまいます。

こうなると代謝しにくくなり、脂肪層を束ねている線維もゆるんできます。

いちばん表皮に近い真皮は、コラーゲンが骨組みを支える役割を果たしていますが、加齢などによって減少して、隙間《すきま》に水が溜まりむくんできます。さらに進行すると、むくみとたるみが大きくなり、見た目にもはっきり感じることができます。

このように、皮膚の老化は、顔の筋肉（表情筋）のコリと脂肪などの老廃物の蓄積、栄養素（コラーゲン）の不足で起きることになります。

顔の筋肉はポンプの役目を果たしている

肌の若返りの第一歩はまず、顔の筋肉について知ることから始まります。

顔は五十以上の筋肉で構成されていますが、加齢によって筋肉の働きが衰えてきて、縮んできます。

外側の皮膚はそのままで、内側の筋肉がゆるんでくると、顔の表面にしわやたるみが起きてきます。

これがおおまかな顔の老化のメカニズムですが、全体が急に衰えてくるわけではありません。

まずあごがたるんだり、目尻にしわが多くなったりという具合に、ある部分から徐々に衰えていくのです。

部分的に筋肉が縮む原因は、筋肉のコリがあげられます。

顔の筋肉は、特に血行とリンパの流れに直結していて、ポンプの役目を果たしているのです。

顔の筋肉には血液やリンパ液を送り出し、老廃物を運搬して、新陳代謝を図るための重要な役割があるのです。

その機能が低下すると、どんどん老廃物が蓄積されていきます。さらに、細胞に新鮮な酸素や栄養素が行き渡らずに、新しい細胞に再生できなくなり、老化が進行するというわけです。

無表情な顔つきが〝普通〟になってしまう

また顔の筋肉によって、顔つきが決められています。

一般的に、顔つきは骨格や皮膚が決めていると思われがちですが、実は筋肉の影響が大きいのです。

図のように、顔の筋肉（表情筋）は額の上から首のつけ根や鎖骨にまで広がり、表情を

顔を構成するいろいろな筋肉（表情筋）

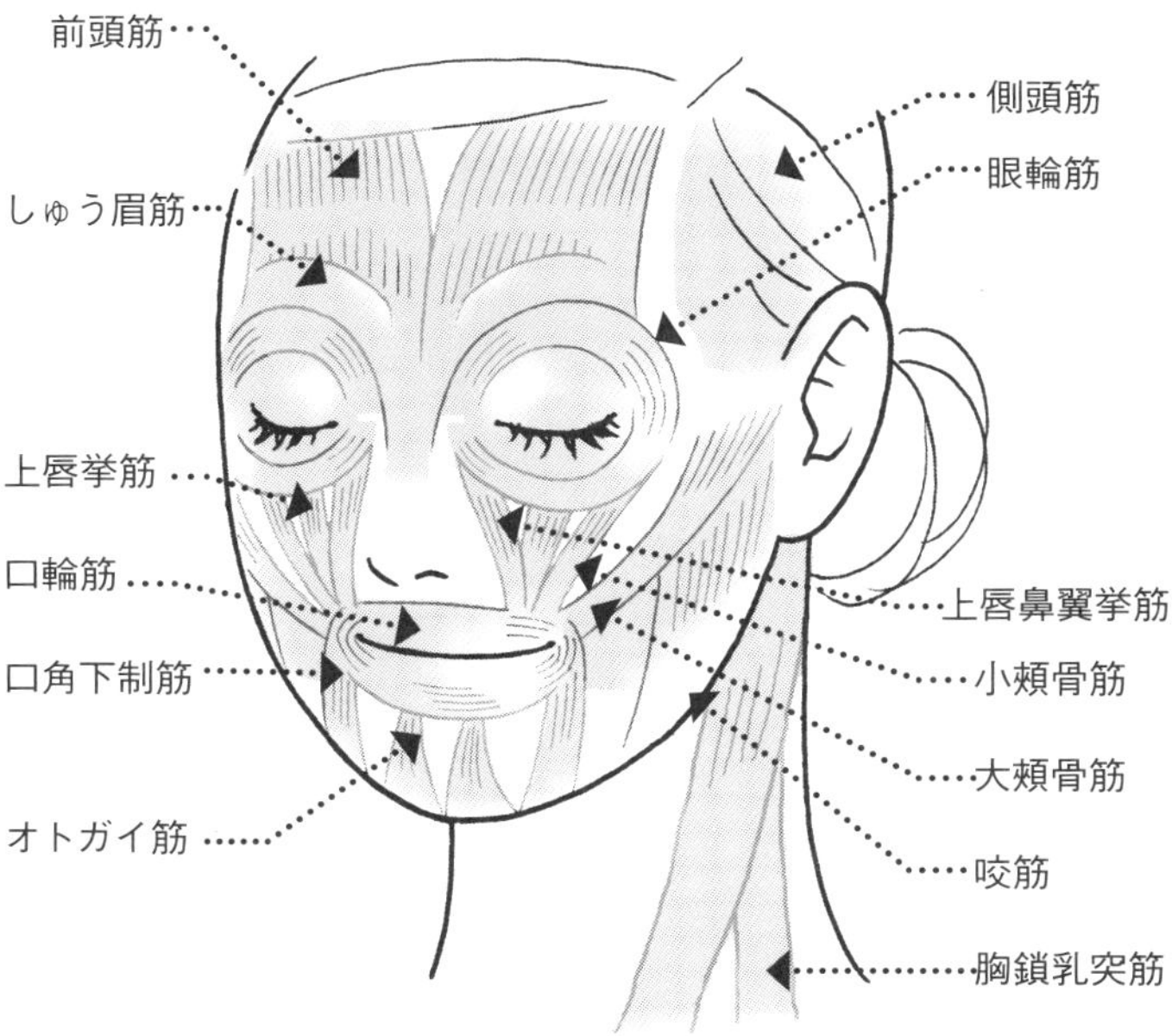

ポイント
顔の筋肉が凝ると、リンパや血液の流れが悪くなる。

形成しています。↓（P61参照）

朝起きて、顔がシャキッとしていたり、逆に腫れぼったくむくんでいたりするのは、表情の下の筋肉の働きによります。

神経が筋肉に指令を出して伸縮するのですが、ストレスなどによって神経がナーバスになると、筋肉も萎縮《いしゅく》する傾向があります。

この状態が続くと、これが通常の顔つきだと筋肉が記憶して、老化につながるのです。

また喜怒哀楽《きどあいらく》の少ない無表情な顔でも、筋肉は緊張して萎縮し、衰えの原因になります。

だからこそ、無理にでも顔の筋肉を動かして、豊かな表情をつくったり、自分でマッサージしたりして、しなやかな状態に保つことが大切なのです。

血液が「上水道」ならリンパは「下水道」

筋肉の動きと密接な関係にあるのがリンパだといいましたが、リンパは全身を流れる血液のうち、静脈に戻れなかった体液を回収する管（リンパ管）と、その中を流れる液（リンパ液）を指します。

通常よく呼んでいる「リンパ」とは、この液を意味します。

人間の命を維持するための酸素や栄養素は、血液によって心臓から動脈を通じて、全身に送られていきます。

そして、帰り道に静脈を通って体内に溜まった老廃物を回収してくるのですが、その際、静脈に入りきれなかった老廃物やたんぱく質、脂質などの組織液を回収するのが、リンパの役目です。

その量は全体の環流量の２割に相当するといわれています。

回収されるリンパ液の中には、細胞分裂を終えた古い細胞、血球、消化管で吸収された脂質などが含まれていますが、途中にあるリンパ節を通過するたびに、老廃物が取り除かれていきます。

こうしてみると、酸素や栄養素を送る血液が「上水道（水道管）」で、老廃物を回収するリンパは「下水道」といえるでしょう。

排泄や回収を司る「下水道」こそ大切

人間の体にとって「上水道（水道管）」は大切ですが、排泄や回収を司る「下水道」はもっと重要な役目を果たしているのです。

リンパの流れが悪いと、老廃物が蓄積してしみやむくみの原因になり、細胞に酸素や栄養素が送られなくなると、細胞分裂も減退して、老化が進行します。

リンパにはさらに病原菌から体を防御する役目もあり、リンパ節ではリンパ球が体内に侵入してきたウイルスや病原菌を退治しているのです。

この働きが減退すると、全身に不調が起こり、病気にかかることになります。

体中には、およそ八百ものリンパ節があり、私たちの美と健康を守ってくれているのです。

中でも、鎖骨の下（鎖骨下《さこつか》リンパ本幹）や脇の下（腋窩《えきか》リンパ節）、耳の下（耳下腺《じかせん》リンパ節）、へその周辺（腸リンパ本幹）は、顔のリンパを流すための大切なポイントなのです。

細胞から排泄された〝粗大ゴミ〟がむくみの原因

リンパ管は全身を網羅していますが、リンパの流れは一方通行で、体の左右で方向が異なっています。

リンパの流れのスタートは、足先や指先などの毛細リンパ管で、徐々に合流を繰り返していきますが、血液における心臓のようなポンプの役目を果たす器官はありません。

そのため、リンパは筋肉や組織圧の影響を受けて行ったり来たりしながら、全身を巡っているのですが、その流れは血液に比べると格段に遅いのです。

したがって、筋肉や組織圧の働きが鈍ると、途端に流れが悪くなり、老廃物が溜まってしまうことになります。

特に顔の筋肉が凝り固まると、細胞から排泄された〝粗大ゴミ〟が溜まり、むくみの原因になります。

むくみは水分の摂りすぎで起きるといわれていますが、リンパの流れが滞ることで、回収されなかった〝粗大ゴミ〟が体内に溜まり、そこに水分が吸い寄せられることが原因なのです。

水分の摂取量が多くてもリンパの流れさえ正常なら、むくみは起こりません。

筋肉を鍛えるのではなく、柔らかくすること

いずれにしても、リンパの正常な流れには筋肉の働きが欠かせないのです。

筋肉が柔軟なら、リンパの流れもスムーズです。

逆に筋肉が凝り固まると、ポンプの役目を果たさなくなり、ひどい場合にはリンパの流れをせき止めてしまうことになります。

もうひとつ細胞と細胞の間にある弾性線維《だんせいせんい》の働きも関係しています。

弾性線維は、細胞間にあるネットのようなもので、筋肉を動かすことで圧力が生じて、リンパが流されるのです。

弾性線維も筋肉によって、その弾性を発揮できますが、その働きが脆弱《ぜいじゃく》になると、ネットが伸ばされて、リンパの流れが悪くなります。

ですから、一にも二にも筋肉の柔軟性を保つことが重要なのです。

よく筋肉を鍛えればよいと勘違いする人がいますが、これでは筋肉は必要以上に硬くなり、逆効果になります。

あくまで柔軟な筋肉をつくることを心がけてください。

血流とリンパの流れは、美と健康の両輪

実はリンパの流れの悪い人は、同時に血行不良を起こしていることが多いのです。筋肉が凝り固まるということは、毛細血管の収縮も悪くなり、血流にも影響します。

新陳代謝に必要な酸素や栄養素の供給が滞ると、細胞分裂が減退して、体温が下降する

ので、さらに冷え性や低体温症を引き起こしてしまいます。

同時にリンパの流れも悪くなるので、ますます体調不良になります。顔にはむくみやたるみができて、水分不足で肌がパサパサになり、しわが目立つようになります。

こうなると、年齢より10歳以上も老けて見えることになりかねません。

血流とリンパの流れは、美と健康の両輪と考えてください。

この二つが正常に働くことこそ、若さを保つ秘訣なのです。

第2章

ほっとくと危ない
むくみ・しみ・くま！

気になる老け顔や老化の三大現象

気になる老け顔や老化現象について、アンケートを取ってみると、次のような項目があげられます。

・しわ
・たるみ
・ほうれい線
・むくみ
・くま
・しみ
・くすみ
・肌荒れ
・抜け毛

・白髪

こんなにも多くの現象が老け顔の象徴としてあげられましたが、中でも、「しわ」と「たるみ」、「ほうれい線」は三大老化現象として、最近では男女を問わず悩まされているようです。

そこで、それぞれについて、症状や原因などを詳しく解説していくことにしましょう。

ほっておくと消せなくなる〝しわ〟は？

まず「しわ」ですが、これまであまり気にならなかったのに、あるときいもよらないところにしわを発見して、ショックを受けることがあります。

しわは、皮膚の表面にある皮溝が目立つようになる老化現象のひとつですが、大きく三つに分類できます。

まず目の下などにできる乾燥じわ、次に額や目尻にできる表情じわ、三番目は目や口の周りに深く刻まれるような真皮のしわです。

このうち、乾燥じわや表情じわはいろいろなケアで消すことができますが、真皮のしわは、一度現れるとなかなか解消するのは困難です。

実は目の周りや口元は、顔の中でももっとも皮膚が薄くて皮脂腺も少ない部分です。さらに、目元は通常一日にまばたきを2万回ほどするので乾燥しやすく、しわになりやすい傾向にあります。

さらに、乾燥したままの状態でほっておくと、水分がどんどん蒸発して、しわが深くなり、消すことが難しくなります。

こまめに、化粧水やクリームなどで肌に水分を補給してあげることで、しわの防止になります。

鏡を見ながら顔の筋肉の〝体操〟を

額や目尻になどに現れる表情じわは、喜怒哀楽が激しいとできやすいですが、顔の動作によって表情筋が伸縮して、元通りになります。

顔が凝り固まっていると、そのまましわが残ることになりますので、日頃から、さすったりもみほぐしたり、マッサージしたりして、柔軟な状態に保っておくことが大切です。

表情じわが真皮のしわにならないように、肌の老化がなるべく進行しないようにあらゆるケアを怠らないことです。


具体的な方法については次章で紹介しますが、まず鏡を見ながらさまざまな表情をつくってみて、顔の筋肉の動きを確認することです。

笑うとき怒るとき悲しむときなど、それぞれ顔の筋肉の動きは異なるはずです。

そしてなるべくしわができにくい表情を記憶して、意識して習慣づけることで、しわの防止になります。

毎日化粧をする際に、ただ漫然と鏡を見ているのではなく、いろいろな表情で自分の顔を観察しながら、筋肉を動かしてみることです。

それだけで、筋肉が柔軟になり、肌の新陳代謝も活発になるのです。

「たるみ」ができても落ち込んではいられない

次は「たるみ」についてですが、加齢をいちばん感じさせるのが、このたるみかもしれません。

ほおや口元がたるんでくると、

「何だか、気になる」

「大丈夫かしら」

と悲観してしまい、ますます落ち込むことになります。

加齢によるたるみは、真皮の線維に弾力がなくなり、皮膚の位置が下がっていくことが原因です。

若い頃には、線維芽細胞《せんいがさいぼう》から新たなコラーゲンが生まれていましたが、歳を重ねるにつれて、線維の量が減って、表皮や骨、筋肉を引きつけておく弾力が失われていくのです。

さらに紫外線やストレスによる刺激などで皮膚が下がり、ますますたるんでいくのです。

顔の表情が豊かになればコリが取れる

たるみは表情筋の衰えでさらに進行するので、顔の筋肉を鍛えることで防止します。

女優さんの顔がいつまでも若々しいのは、肌のケアに気をつけていることもありますが、表情豊かに演じていることも大きな要因です。

観客に見られながら、顔の筋トレを行っている状態ですから、肌にはとてもよい効果があります。

逆にいうと、普段から喜怒哀楽が少なく無表情で過ごしている人は、肌がたるみやすく老化が早いのです。

表情筋がもっとも活発に動くのは、笑顔になるときです。

破顔一笑《はがんいっしょう》という言葉がある通り、「顔をほころばせて、にっこり笑うこと」は肌を若く保つ秘訣のひとつなのです。

「笑いじわ」はくせにならない

逆に「笑いじわ」ともいいますが、笑ってできるしわは瞬間的なもので、すぐに元に戻るはずです。

もしも笑いじわが元に戻らなかったら、顔中しわだらけの人でいっぱいになるはずです。

笑いじわと表情じわはまったく異なるものですので、心配せずに思い切って笑う生活を楽しんでください。

顔の筋肉は喜怒哀楽によって変化して鍛えられるので、少しオーバーアクション気味に表情をつくることも必要なのです。

何回もいいますが、顔の筋肉は使わないと、表情筋や脂肪がたれ下がり、たるみやしわの原因になります。

そうならないためにも、普段の生活から感情豊かな表情や仕草を心がけることで、肌の若さを保つことができるのです。

「ほうれい線」は顔の老化の象徴

女性の大敵の最後は「ほうれい線」です。

これはもういわずと知れた肌の老化の象徴ともいわれますが、その原因は肌のたるみです。

加齢によってたるんだ部分がしわやほうれい線になりますが、ストレスや日常生活の乱れにも原因は潜んでいます。

ほうれい線のできやすい状態は、

・肌が乾燥している
・肌が弱っている
・筋肉が重力に逆らえずにたれてしまっている

・表情筋や首の筋肉が衰えている
・顔の血の巡りが滞り代謝が悪くなっている
ときです。

中でも、最近では顔の筋肉の衰えや無表情が、大きな原因になっています。

むくみとほうれい線は密接な関係がある

また意外なことに、肩こりや首こりもほうれい線を目立たせてしまう原因のひとつなのです。

肩こりや首こりで血行やリンパの流れが悪くなると、首から上の顔や頭に血液やリンパが溜まります。

これが顔のむくみの原因になりますが、顔がむくむと重いのでまぶたやほおが下にたれることで、ほうれい線を目立たせてしまいます。

このように、むくみとほうれい線は密接な関係があるのですが、むくみが取れればほうれい線が目立たなくなるということです。

ここでも大事なことは、顔の筋肉を鍛えること、そのための第一歩として、喜怒哀楽を表情に出すことを心がけてください。

むくみは水分の摂りすぎで起きるわけではない

そのほかの気になる老化現象を紹介すると、むくみやくすみ、しみ、くまなどがあげられます。私はこれをしわ、たるみ、ほうれい線の三大老化現象と合わせて、肌の七難現象と呼んでいます。

むくみは水分の摂りすぎで起きるといわれていますが、すこし違います。

第一章でも説明しましたが、リンパの流れが滞ることで、回収されなかった〝粗大ゴミ〟（老廃物）が体内に溜まり、そこに水分が吸い寄せられることが原因なのです。

したがって、水分の摂取量が多くてもリンパの流れさえ正常なら、むくみは起こりません。

リンパは筋肉や組織圧の影響を受けて行ったり来たりしながら、全身を巡っているのですが、その流れは血液に比べると格段に遅いのです。

したがって、筋肉や組織圧の働きが鈍ると、途端に流れが悪くなり、老廃物が溜まってしまうことになります。

老廃物は〝粗大ゴミ〟と化して、肌の老化を進行させますから、リンパの流れをスムーズにすることが重要です。

筋肉のコリをほぐして、リンパ節をもんだりさすったりすることでリンパが流れ出し、〝粗大ゴミ〟をさらい流してくれます。

くすみは血行不良とターンオーバーの乱れが原因

くすみも女性の大きな悩みのひとつです。

くすみとは肌の透明感が失われて、顔色が沈んで見える状態をいいますが、原因は二つあります。

まず血行不良です。

血液は新鮮な酸素と栄養素を運んで来て、その帰りに老廃物を持ち帰りますが、その中に二酸化炭素があります。

人間の生命活動では、酸素を吸って二酸化炭素を排出しますが、それが血液にも混入して、黒っぽく変化します。

それが停滞して蓄積すると、くすみの原因になるのです。

また、加齢による新陳代謝の低下、つまりターンオーバーの乱れがあげられます。

若い頃なら新陳代謝が活発で、表皮の入れ替わりもスムーズでしたが、ターンオーバー能力の減退で、古い角質がはがれ落ちずに分厚く不透明になり、くすみができます。

首の血管が圧迫されると顔の血行が悪くなる

血行不良は、ストレスや筋肉のコリによって血管が萎縮することが原因です。

長時間無表情でパソコンに向かっていたり、同じ姿勢で事務作業を続けていたりすると、首の血管が圧迫されて、顔の血行が悪くなります。

精神的なストレスも体を萎縮させるので、血管も収縮して血行不良を起こします。

それをカバーするには、顔や首の筋肉をほぐして、血行をよくしてあげることです。

それと体を冷やさないことも大切です。

体が冷えると血管が収縮して、血行不良を引き起こします。

冬は衣類を着込んで暖かく、夏は冷房や冷たいドリンクで体を冷やさないようにします。

肌をもんだりさすったりするだけでも、体がポカポカしてきますので試してみてください。

筋肉のコリと同時に、体の冷えも肌にとって大敵なので、十分に注意することです。

しみは一度できるとなかなか取れない

しみについては、老若男女を問わず、悩んでいる人が多いようです。

しみは、顔にできる茶色い斑点《はんてん》でさまざまな原因がありますが、一度できるとなかなか取ることができません。

メラニン色素からできますが、もともとメラニンには紫外線から肌を守るという役割があります。

紫外線を浴びすぎると、メラニンをつくりすぎて排出できずに、しみになるというわけです。

しみにはいろいろな種類があるので、医師でないと判断できないものもあり、気になったら診断を受けることが大切です。

防止法は種類によってさまざまなので、一概にはいえませんが、紫外線が大敵なのは共通しています。

くまには自然に消えるものと残ってしまうものがある

女性の大敵の最後はくまです。

突然目の下にできるくまは、とてもショックですね。

くまには放っておくと自然に消えるものと、ずっと残ってしまうものがあります。

寝不足や過労で現れるくまは、体調が回復すれば消えてなくなります。

体調不良で血行が悪くなると、老廃物を含んだ血液が薄い皮膚を通して見えてしまうのが、このくまの原因です。

目の下は皮膚が薄くなっていて、顔のほかの部分の三分の一程度しかなく、血管が目立ってしまうのです。

回復するための期間は免疫力が落ちていたりすると長くかかりますが、通常なら一週間もあれば大丈夫でしょう。

雑なメイクがくまをつくる

問題なのは放っておくと残ってしまうくまですが、茶色く見えるのが特徴です。すぐに消えるくまは青黒く見えるのですが、茶色いほうは小さなしみが集まってできるので、体調が回復しても消えることはありません。

加齢によってできるしみが集まるのが原因ですが、顔のコリをほぐして血行をよくすることで改善されます。

また目元をこすったり、メイクで強い刺激を与えたりしている場合も、茶色いくまになります。

アイラインを引いたり、つけまつげをつけたりするときに、無意識に刺激しているのです。

メイクの時間が足りないからといって、雑に荒っぽくするのがいちばん肌によくありませんから、思い当たるようなら、すぐに改善するようにしてください。

ダイエット後の体は本当に元に戻っているのか？

最後にもうひとつ、しわやたるみになりやすい、気になる要因を紹介しておきましょう。

それは過度のダイエットです。

いつの時代でも、女性の願望の上位にあげられるのが、痩身《そうしん》つまりダイエットです。

スラッとして美しい姿にあこがれて、さまざまなダイエットに取り組む女性が後を絶ちません。


食事療法や運動療法などで、一時的にダイエットに成功したとしても、リバウンドして元に戻ってしまうケースがとても多いのです。

ダイエット法が星の数ほど紹介されていることが、その証拠です。

いろいろな方法を試しても元に戻ってしまいますので、また次のダイエット法を試したくなるのです。

しかし、ダイエット後の体は本当に元に戻っているのでしょうか？

実は答えはＮＯなのです。

過度のダイエットは肌の大敵になる

鏡を見ても一見元の姿に戻ったように見えますが、体を覆っている皮膚には大きな負担がかかって弱くなっているのです。

皮下脂肪が増えたり減ったりすると、皮膚も伸び縮みを繰り返すことになります。当然のように負担が大きくなり、皮膚本来の弾力性もなくなって、たるみやしわの原因になるというわけです。

さらに食事療法では栄養素が片寄って、肌がカサカサに乾燥してしまうケースもあります。

一時的にダイエットに成功しても、しわやたるみが増えたのでは、まさに逆効果です。若返りを図ったつもりが、逆に老けてしまうことにもなりかねません。

つまりダイエットはやり方によっては、肌の大敵になるということです。

ダイエットや食事制限が体の変化の大きな要因に

東洋医学の教科書ともいえる『黄帝内経《こうていだいけい》』によると、「女性は七の倍数」「男性は八の倍数」の年齢のときに節目を迎え、体に変化が訪れると記されています。

それぞれの節目で大きな変化が伴うわけですが、実は食生活や生活環境によって、その時期が大きく左右されるのです。

それまでに極端なダイエットや食事制限を行っていると、変化の時期が前倒しになり、早く老け込むことになります。

ホルモンのバランスが崩れたり、基礎代謝能力が低下したりすることによって、より老化が進んでしまうのです。

さらに、人間の体は飢餓《きが》状態にも対応できるように、ダイエットによってエネルギーの摂取が減ると、筋肉から補おうとする能力を持っているので、筋力が落ち込んでしまうことになります。

そうすると、顔や首の筋肉にも悪影響が出て、しわやたるみ、さらにはほうれい線が目立つようになり、一気に老け込んでしまいます。

したがって、ダイエットは体に負担をかけない方法で慎重に行うことが大切です。

第3章

楽ツボと反射区マッサージで若肌が甦る！

ツボには美容と若返り効果がある

私は東洋医学を学んで、長年鍼灸師《しんきゅうし》として治療を続けて、鍼《はり》やツボ押しによって慢性痛や体の不調を改善してきたのです。

実はツボには不調を改善して、元気を取り戻すだけではなく、もうひとつ大きな効果があります。

それが美容と若返り効果です。

特に女性には顕著に表れて、肌に潤いが出てスベスベになり、目尻もスッキリして、10歳以上若返って見えるようになります。

施術前と施術後では見違えるようになるので、こうした効果が評判を呼んで、全国各地から「より美しくなりたい」「もっと若返りたい」という人が来院されます。

テレビや雑誌で活躍されている女優やモデルさんも通ってこられます。

ではなぜこんな効果が表れるのでしょうか？

ツボ押しで美と健康のリサイクル効果

もともとツボは体の表面を刺激するものですが、その効果は内臓や器官、さらには細胞まで作用していきます。

そうすると、

①血流がよくなる→②消化吸収力が上がる→③新陳代謝が活発になる→④ホルモンが正常に分泌される→⑤肌がツヤツヤになり若返る→①血流がよくなる→②……

となり、美と健康のリサイクル効果が発揮されるのです。

見た目にも、まるでエステに行ったように、みるみる美しくなっていくのが自覚できるようになります。

ツボのポジティブ効果でストレスも解消する

もうひとつツボには大きなメリットがあります。それは、

「気持ちが落ち着く」

「ホッとする」

「心が前向きになる」

という心理的なポジティブ効果です。

会社や仕事、私生活でイヤなことがあっても、ツボを刺激することで心が落ち着いて、リラックスすることができます。

したがってストレスも溜めずに、その場で解消できるのです。

さらに、ツボ押しを行うと、体がポカポカ温まってくるのがわかります。

血流やリンパの流れがよくなるので、代謝量が増えて熱量を発するからです。

冷え性の人も内側から温まるので、長時間維持できるのです。

つまり、ツボ押しは心も体もポカポカしてきて、若々しさが甦《よみがえ》るといういいことずくめなのです。

ツボと経絡《けいらく》には〝気〟が流れている

ツボの起源は古代中国に遡り、東洋医学として三千年以上も歴史的に試されながら、実績を上げてきました。

一見専門的で難しそうに考えられますが、素人でも簡単に発見できて、押さえることができるのです。

ツボ押しの基本は、いつでもどこでも自分で手軽に行えるということなので、とても優れた自家治療法なのです。

東洋医学でいうと、私たちの体には全身くまなく、ツボが六百以上も存在しているとされています。

その間を「経絡《けいらく》」という通路がつながっていて、その中を「気」が流れているのです。

「気」とは目に見えるものではありませんが、よく「元気」とか「活気《かっき》」とか「陰気《いんき》」という言葉からわかるように、生きるための必要なエネルギーを表しています。

「気」＝「生命力」と言い換えてもよいでしょう。

ツボ押しでエステ効果も期待大

経絡は体中に網の目のように張り巡らされていて、各器官や内臓ともつながっています。この流れが悪くなると気が滞り、体に不調が現れたり、老化が進んだりするのです。ツボを押すことで、気の流れをスムーズにして生命力をアップしてくれます。

具体的な効果としては、次のようなものがあげられます。
・血流をよくする
・心をリラックスさせる

・内臓機能を調整して活性化する
・痛みを鎮める
・免疫力を高める
さらに、
・若々しくなれる
というエステ効果も大いに期待できます。

つまりツボで体の内部を刺激することで、体の外側の皮膚や肌もどんどんキレイに美しくなっていくのです。

「気」「血」「水」で体の中から若返る

この気と密接な関係があるのが、「血」と「水」です。

「血」とは血液と血液が運ぶ栄養素、「水」とは水分や汗、リンパ液などの体液を指します。

この「気」「血」「水」の流れを整えることで、体の免疫機能がアップして、不調が回復します。

と同時に、細胞の働きが活発になり、代謝機能が高まって、若返りも図れるというわけです。

美容の知識で「体の中からキレイになる」というのは、こんなところからきているのです。

高額な化粧品を購入したり、高級エステに通ったりしなくても、身近な知識によって自分で美しくなる、若返ることができるということを理解してください。

東洋医学のツボにもいろいろな種類がある

ではどうやってツボを探して、刺激したらよいのでしょうか？

何も「東洋医学のツボの知識を覚えなければならない」と、難しく考える必要はありません。

なぜなら、押してみて「あっ、痛い」とか「そこ、気持ちいい」とか感じるところが「ツボ」だからです。

私はこれを楽して見つけて楽して刺激できることから〝楽ツボ〟と名づけました。

もうすこし詳しく説明すると、東洋医学における「ツボ」のことを、正式には「経穴《けいけつ》」といいます。

さらに中国三千年の歴史の中で、長い年月をかけて、数多くの経験を積み重ねているうちに、経絡上で太古から使用された「ツボ」を「正穴《せいけつ》」と呼んで、その数は一年の日数と同じ「三百六十五」とも、「三百五十四」ともされています。

押したらそこにツボがあった

一方この伝統的、理論的な経絡上の「正穴」に対して、経験的、実践的に新しく発見された「ツボ」もあります。

「あぜ（阿是《あぜ》）穴《けつ》」もそのひとつで、専門家にも「正穴」に劣らずよく用いられます。

その数は、正穴をはるかに上回って、千ヵ所を超えるといわれています。

ということは、正穴、あぜ穴を合わせれば、体中がツボだらけになってしまうのです。

だからこそ〝楽ツボ〟と呼んでいるのですが、おおよその見当をつけてから、その付近を指先で押してみて、前に述べた要領でツボを見つければよいのです。


皮膚を指の頭で押さえてみたり、さすってみて、「痛い」（圧痛《あっつう》）というほどではなくても、何かコリコリして硬かったり、穴があいたようにくぼんだりしている場所も「あぜ穴」といいます。

また突っ張って硬い感じ（緊張）、冷えたり、ほてったりする部分、斑点や小さな丘疹《きゅうしん》があるところも同様に「あぜ穴」と考えてもよいでしょう。

さらに、押してもらって「あぁ、いい感じー」という部分も「ツボ」の可能性があります。

これなら、とても簡単に〝楽ツボ〟を探すことができるでしょう。

「探す」というより、押したら「あった」と考えるほうが適切かもしれませんね。

リフレクソロジーの基礎になった「反射区」とは？

ここでもうひとつ、ツボより簡単で美と健康に効果がある「反射区」という理論について紹介しておきましょう。

これは東洋医学や西洋医学、そしてリフレクソロジー（反射学）などいろいろな理論が組み合わされて生まれたものです。

ツボと違って刺激する範囲が広いので、専門的な知識がない人でも簡単に行えます。

この理論は、もともと東洋医学の基本である「五臓《ごぞう》」という考え方に基づいています。

「五臓」とは「心《しん》」「肺《はい》」「脾《ひ》」「肝《かん》」「腎《じん》」の五つの臓器を表していますが、西洋医学でいう「心臓《しんぞう》」「肺臓《はいぞう》」「脾臓《ひぞう》」「肝臓《かんぞう》」「腎臓《じんぞう》」などとは若干異なります。

詳しくは次の通りです。
「心」…血を全身に送り、精神や感情を司る…小腸・舌
「肺」…気を体に取り込み、汚れた気を体外に吐き出す…大腸・皮膚・体毛
「脾」…消化・吸収を制御して、エネルギーをつくる…胃・筋肉・口・唇
「肝」…血や気の流れを調節して、スムーズに流すようにする…胆・腱《けん》・靭帯《じんたい》・目
「腎」…水分の代謝と成長を司る…膀胱《ぼうこう》・耳・生殖器

〝面〟の反射区は〝点〟のツボより刺激しやすい

「反射区」とは、各器官や内臓につながる末梢神経の集中箇所を指し、例えば反射区の「胃」の場所を刺激すると、人体の中の胃の働きも活発になるというメカニズムになっています。

「ツボ」がひとつの点であるのに対して、「反射区」は面になっているので、刺激する範囲が大きいのが特徴です。

この反射区に基づいてもみほぐすのが、リフレクソロジーで、これがゾーン・セラピーの基礎になっているのです。

反射区への刺激によって、内臓や各器官の活性化を図ることで血行を促進し、新陳代謝を高めて、本来持っている自然治癒力を向上させるのです。

ツボと同様に、反射区マッサージも東洋医学や難しい医学理論を知らなくても、手軽に簡単にできて、美容や健康に効果が期待できるのです。

反射区の刺激は四つのパターンで行おう

反射区は体中にありますが、決まった刺激方法はありません。

好きなときに好きな方法で刺激を与えてください。

基本的には次の四つの刺激方法があります。

①もむ…反射区をつかんでもみほぐす。反射区が広い場合には手でつかみ、狭い場合に

は指でつまむようにする↓腕・ふくらはぎ・太もも・肩・首など

②さする…もめるほど肉がついていない場所やデリケートな場所はさする。軽く力を込めて、手のひらでやさしくさする↓お腹・胸・背中・腰・首・腕・太ももなど

③押す…指先や手のひらで力を与える。強すぎず、適度に圧力を感じる程度の力で押す↓足の裏・手のひら・顔・頭・うなじなど

④たたく…たたいて刺激する。拳や手のひらなどで、軽くたたく程度で、赤くなるほど力を入れる必要はない↓背中・腰・太もも・ふくらはぎ・腕など↓（P105参照）

感じ方が大きい反射区を選択して刺激

それぞれ一ヵ所に2分から3分程度で、場所に適したやり方を選んでください。なるべく手のひらを温めて行うと効果が上がります。

Tシャツやジャージなどなるべく軽装になって、刺激が体に伝わりやすくするのがポイントです。

反射区を刺激する４つの方法

③**押す**…指先や手のひらで反射区（ゾーン）に圧力を加える。強すぎず、適度に圧力を感じる程度の力で行う→**足の裏、手のひら、顔、頭、うなじなど**

①**もむ**…反射区（ゾーン）をつかんでもみながら、ほぐすようにします。範囲が広い場合は手でつかむようにして、狭い場合は指でつまむようにしてもみほぐす→**腕、ふくらはぎ、太もも、肩、首など**

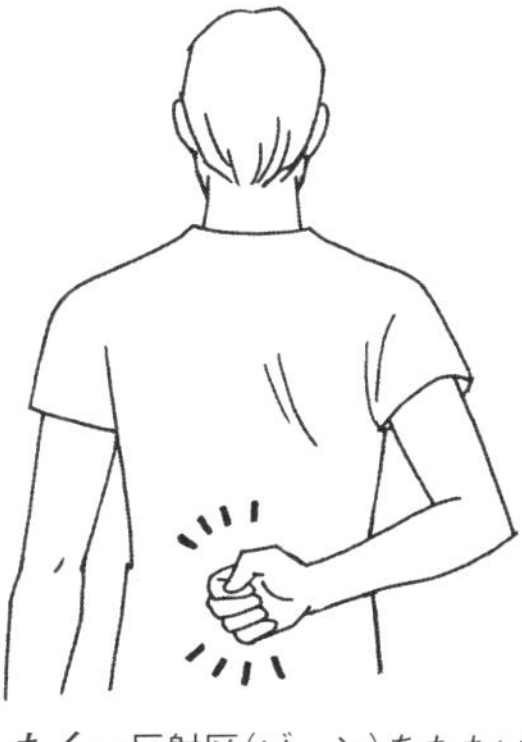

④**たたく**…反射区（ゾーン）をたたいて刺激する。手が届きにくい場所や範囲が広い場合に向いている。強くたたく必要はなく、拳や手のひらで軽くたたくようにする→**背中、腰、太もも、ふくらはぎ、腕など**

②**さする**…もめないところは、さすって刺激を加える。ゴシゴシと強くこするのではなく、軽い力で手のひらでやさしくさするようにする→**お腹、胸、背中、腰、首、腕、太ももなど**

体中には、同じ効果をもたらす反射区が複数存在しますが、両方刺激してみて、感じ方が大きいほうを選んで重点的に行います。

例えば、肺の反射区は胸にも背中にもありますが、押してみて効果が高そうな場所を選んでください。

マッサージは、リラックスして気分を落ち着かせてから行い、自分の気持ちを込めて丁寧に刺激するようにします。

こんなときには反射区のマッサージを控えよう

また次のようなときには、反射区マッサージを控えるようにしてください。

①高熱があるとき
②食事の直後
③お風呂に入る前

④お酒を飲んだとき

こんなときには、無理矢理マッサージを続けることで、症状を悪化させることにつながりかねません。

時間をおいて、体調が回復してから行うようにしてください。

第4章

姿勢矯正と内臓機能アップで体の芯から若返る！

顔の筋肉が凝っていてもわからない!?

しわやたるみ、ほうれい線など老け顔や老化現象は、顔の筋肉のコリやゆがみからきているとお話ししてきました。

しかし肩こりや首こりなどは、「ああ、凝っているなあ」とわかりますが、顔の筋肉には自覚症状がありません。

ではその筋肉が凝っているか、ゆがんでいるかどうしたら判断できるのでしょうか?

まず自分で顔をほぐしてみることです。

さすったりもんだりして、「気持ちがいい」と感じるようなら、それはコリがある証拠なのです。

また、鏡を見ながら顔の表情をよく観察すると、鼻が傾いていたり口元がゆがんでいたりしていませんか?

これも顔の筋肉が凝り固まってゆがんでいる証拠ですが、表情まで変わっているということはかなり長期間にわたって、コリやゆがみが進んでいるということです。

顔のコリやゆがみは体の中心部のゆがみが原因

これまで顔のコリやゆがみの解消法を述べてきましたが、実は顔の筋肉をもんだりほぐしたりするだけでは、根本的に治りません。

顔のコリやゆがみは、体の中心部がゆがんでいることが原因で起きているからです。骨盤や背骨がゆがんでいると、それに影響を受けて体の末端にもコリやゆがみが現れるのです。

したがって根本的に治療するには、体全体のゆがみを整えることが大切です。

それにはまず、背筋を鍛えることから始めましょう。

背筋を鍛えるとピンと伸びて、姿勢も若々しくなります。

うつ伏せになって上半身だけ反り返るストレッチや、イスに腰掛けて頭を下げて手を頭の後ろに当て、押すようにして負荷をかけながら、頭を起こすエクササイズを行うと、背筋が鍛えられます。

背筋を鍛えれば顔のしわやたるみも解消される

顔のしわやたるみを解消するには、表情筋を鍛えるというお話をしましたが、もうひとつよい方法があるのです。

それは、皮膚を引っ張り上げることです。

それも頭の後ろから頭皮を含めて、顔全体の皮膚を引っ張り上げるのです。

これは、よくプロレスで覆面レスラーがマスクがずれたときに、後ろから引き上げるのと同じ要領です。

ちょっと意外に思われるかもしれませんが、皮膚は体中つながっているわけですから、体全体を引き締めて、引っ張り上げることが大切です。

実は背筋を鍛えるということは、背中のたるみが引き締まり、そこから頭皮を通して、顔のしわやたるみを解消することにつながるのです。

もうひとつ皮膚のたるみを引き上げるという意味では、逆立ちも効果があるのです。内臓下垂も顔のたるみにつながるので、下がった内臓を逆立ちで引き上げるのです。ちょっと眉唾《まゆつば》的なイメージもありますが、単純に下から上にという発想で試してみてください。

悪い姿勢のほうが〝気持ちがいい〟

また、姿勢が悪いと老化が進行するということも覚えておいてほしいのです。特に最近は、パソコン作業やデスクワークで、あごを突き出し顔が前に出る前傾姿勢を取りがちです。

そうすると首や肩の筋肉が凝り固まり、血行やリンパの流れが悪くなります。

当然、新陳代謝機能が衰えるので、細胞分裂が減退して、老化が進行することになります。

この場合、姿勢を正せば簡単に改善されるというものではありません。

なぜなら、悪い姿勢が体の習慣になっていて、そうしないと逆に苦しく感じられるからです。

根本的に姿勢を正すには、いろいろなグッズや器具を使用するのもひとつの方法です。

例えばイスに腰掛ける際に、バスタオルを丸めてお尻の下に敷いて、背筋がまっすぐになる姿勢を保つようにしてみましょう。

あるいは、丸めたバスタオルを骨盤の上の位置で、背もたれに挟んで、背筋を伸ばす姿勢を取るとか、いろいろな方法があります。

心臓と腎臓の衰えが老化を招く

また、内臓の機能も老化に大きく関わっていますが、東洋医学では顔の表情からいろい

郵 便 は が き

切手をお貼りください。

102-0071

東京都千代田区富士見
一―二―十一
KAWADAフラッツ一階

さくら舎 行

住 所	〒 都道府県		
フリガナ		年齢	歳
氏 名		性別	男 女
TEL	( )		
E-Mail			

さくら舎ウェブサイト www.sakurasha.com

愛読者カード

ご購読ありがとうございました。今後の参考とさせていただきますので、ご協力をお願いいたします。また、新刊案内等をお送りさせていただくことがあります。

【1】本のタイトルをお書きください。

【2】この本を何でお知りになりましたか。

1.書店で実物を見て　2.新聞広告(　新聞)
3.書評で(　)　4.図書館・図書室で　5.人にすすめられて
6.インターネット　7.その他(　)

【3】お買い求めになった理由をお聞かせください。

1.タイトルにひかれて　2.テーマやジャンルに興味があるので
3.著者が好きだから　4.カバーデザインがよかったから
5.その他(　)

【4】お買い求めの店名を教えてください。

【5】本書についてのご意見、ご感想をお聞かせください。

●ご記入のご感想を、広告等、本のPRに使わせていただいてもよろしいですか。
□に✓をご記入ください。　□ 実名で可　□ 匿名で可　□ 不可

顔の表情から内臓の状態を判別する

●顔と内臓の関係
- ・目全体は肝(胆)
- ・舌全体は心(小腸)
- ・口全体は脾(胃)
- ・鼻全体は肺(大腸)
- ・耳全体は腎(膀胱)

●目で判断
- ・結膜、胸膜は肺
- ・瞳孔は腎
- ・外眼角と内眼角は心
- ・下まぶたのふくらみは腎臓
- ・下まぶたが黒ずむのは婦人科系疾患
- ・朝、目が腫れぼったいのは腎のむくみ

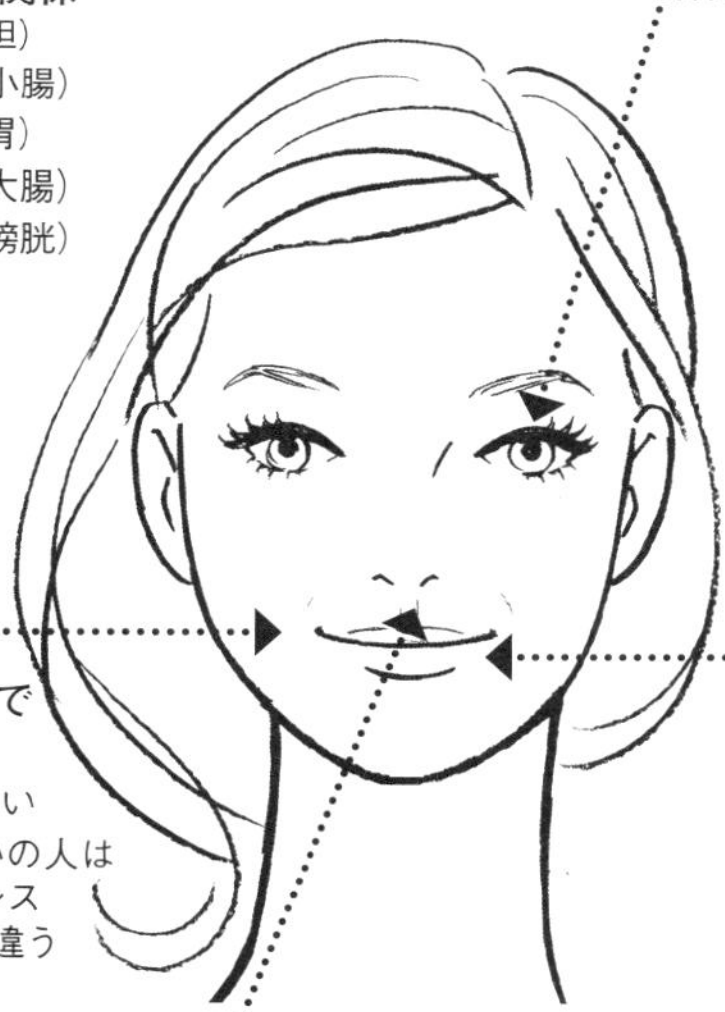

●ほうれい線で判断
- ・左右対称がよい
- ・左右が不揃いの人は体もアンバランスで、脚の長さが違う

●唇で判断
- ・青白い人は貧血
- ・紫色の人は心臓
- ・どす黒い人は汚血
- ・乾燥しやすい人は肺や胃腸病
- ・ひび割れる人は水分がアンバランス。痔瘻持ちに多い

●人中で判断
- ・右寄りの人は子宮も右寄り
- ・左寄りの人は子宮も左寄り
- ・できもののある人は子宮病

●舌で判断

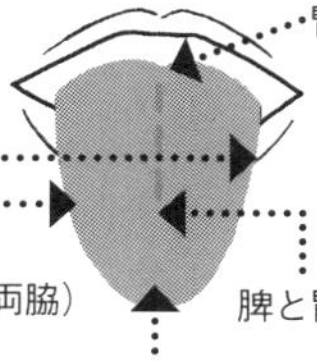

●顔色で判断
- ・赤みのある人→心臓関係に問題あり。夏に体調を崩しやすい。…赤色の食べ物(にんじん、赤ピーマンなど)を摂るとよい
- ・黒みのある人→すすけたように薄黒い顔色で、腎臓関係に問題あり。冬に体調が悪くなる。…黒い色の食べ物(黒ごま、黒豆など)を摂るとよい
- ・白い人→肺に問題あり。秋に体調が悪くなる。…白色の食べ物(だいこん、ねぎ、かぶなど)を摂るとよい
- ・青い人→肝臓関係に問題あり。春に体調が悪くなる。…青色の食べ物(なす)を摂るとよい
- ・黄色い人→脾臓(消化器系)関係に問題あり。一年を通して体調が悪くなる。…黄色い食べ物(みかん、レモン、かぼちゃなど)を摂るとよい

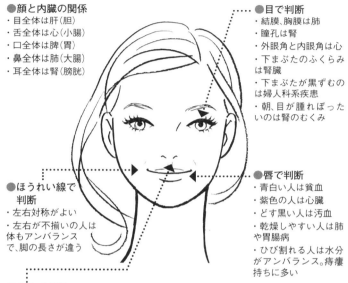

ろな内臓の具合が判別できます。（→P115参照）

この図から、「五臓六腑《ごぞうろっぷ》」といわれるいろいろな内臓機能の調子がわかりますが、心臓と腎臓の衰えが老化を招くことが医学的にも証明されています。

心臓も腎臓も循環器ですから、栄養素を運搬して老廃物を排出する役目がありますが、機能が低下すると〝粗大ゴミ〟が溜まって、老化の原因になるのです。

特に腎臓はとても大切な機能を果たしています。

よく「肝腎《かんじん》」という言葉を使うくらい、非常に重要な臓器のひとつで、血液からの老廃物や余分な水分の濾過《ろか》、そして排出（尿）、体液の安定維持などを主な役割としています。

腎機能が衰えると、次のような症状が現れます。

・体がだるい
・免疫力が低下する
・肌がたるんだり、むくんだりする
・慢性疲労が起こる

これはもはや体の老化の第一歩だといえます。

腎臓の周辺をさすったり温めたりすると若返る

そんな腎機能の低下を防ぐためには、腎臓の周辺をさすったり温めたりするのがよいのです。

もともと腎臓は寒さに弱い臓器ですので、冷やさないようにすることが第一です。

腹巻きをしたり、カイロをあてたり、冬だけではなく、エアコンが効いた夏でも注意する必要があります。

特にお風呂での「半身浴《はんしんよく》」はお勧めです。

おへそまでつかる程度に、三十八度から四十二度くらいのお湯を入れて、10分から20分つかります。

寝る前に入ると血行がよくなり、一日の疲れが取れます。

同時に副交感神経《ふくこうかんしんけい》が優位になってリラックスできるので、ぐっすり眠ることができます。

自律神経は本能的に機能している

ここで、最近関心が高まっている自律神経の中の交感神経《こうかんしんけい》と副交感神経の働きについて紹介しておきましょう。

まず自律神経は、循環器、消化器、呼吸器などの内臓機能を調整するために、二十四時間働き続けています。

自律神経には体の活動時や昼間に活発になる交感神経と、安静時や夜に活発になる副交感神経があります。

この二つの神経は体を安全に、しかも効率的に導くために、状況の変化に対応して自分の意思とは関係なく、本能的に働いているのです。

活動時は交感神経が、安静時は副交感神経が活発になり、健康状態にあるときは、二つの神経はバランスよく保たれています。

そのバランスをそこなうのが「自律神経失調状態」で、不規則な生活やストレスによって自律神経の働きが乱れると、体の器官にさまざまな不調が現れるのです。

交感神経と副交感神経は、多少バランスにズレがあっても、許容範囲内であれば問題ありませんが、どちらか一方へ大きく片寄ることで、自律神経失調状態が起こるのです。

〝昼〟の交感神経、〝夜〟の副交感神経

もともと交感神経は「昼の神経」と呼ばれ、次のような働きがあります。

・昼間、活動的なときに機能する
・全身がエネルギッシュな状態になる
・精神的な刺激に対しても働く
・恐怖や緊張、興奮、怒り、悩みや不安にも反応する

逆に副交感神経は「夜の神経」と呼ばれ、次のような働きがあります。

・体を緊張から解きほぐし、休息させる
・体も心も夜の眠りにふさわしい状態に保つ
・瞳孔《どうこう》が収縮し、脈拍《みゃくはく》がゆるやかになり、血圧を下降させる

通常は両方のバランスが取れて安定していますが、何らかの理由でバランスが崩れると、いろいろな体の不調が起きるのです。

〝未病《みびょう》〟で老化がさらに進行する

自律神経が不安定になると、本来の病気とはいえないような症状や状態になります。

これを東洋医学では〝未病《みびょう》〟といっていますが、不安や緊張、抑うつなどで心が不安定になり、吐き気や多汗、全身の倦怠感《けんたいかん》、頭痛、肩こり、手足のしびれ、動悸《どうき》、不整脈《ふせいみゃく》、めまい、不眠などの症状が現れます。

ただし、現れる症状は人によって大きく違うのが特徴です。

さらに、神経性胃炎や過敏性腸症候群《かびんせいちょうしょうこうぐん》、メニエール病、過呼吸症候群《かこきゅうしょうこうぐん》などに至るま

で、症状が広がっていきます。

こんな症状や病気で悩まされている人は当然、老化も早く肌が乾燥してパサパサになり、しみやたるみ、むくみが現れて、三十代でも20歳以上老けて見えることさえあります。

したがって、腎機能や自律神経については、常に正常に機能するように心がけることが老化防止の秘訣なのです。

首の後ろを温めると自律神経失調状態が改善される

自律神経は首の後ろの頸椎《けいつい》にありますので、そこをケアすれば不安定な症状が改善するようになります。

まず首を振ったり触ったりして、コリやハリがないか確認してください。

硬く感じたり重たく感じたりすると、筋肉が萎縮して血行や代謝が悪くなっています。

ニキビや吹き出物などがある場合も要注意なので、併せて確認することです。

では、自律神経のケアというのは、どうすればよいのでしょうか。

もんだりさすったりマッサージすることはもちろんですが、温めるのも効果があります。

適温の蒸しタオルやぬるめのお湯を入れたペットボトル、あるいはカイロを首の後ろや横にあてたりします。

首にはリンパも流れていて、リンパ節もあるので、温めることで流れがスムーズになり、老廃物もキレイに排出できるのです。

「腎兪《じんゆ》」のツボでアンチエイジング

腎機能の改善にはもうひとつ、ツボの力を借ります。

「腎兪《じんゆ》」は腎に関連する重要なツボですが、アンチエイジングでも大きな効果を及ぼしてくれます。

へそのちょうど裏側の位置から、左右に指二本分外側にあります。↓（P123参照）

腎機能を改善するツボ「腎兪《じんゆ》」

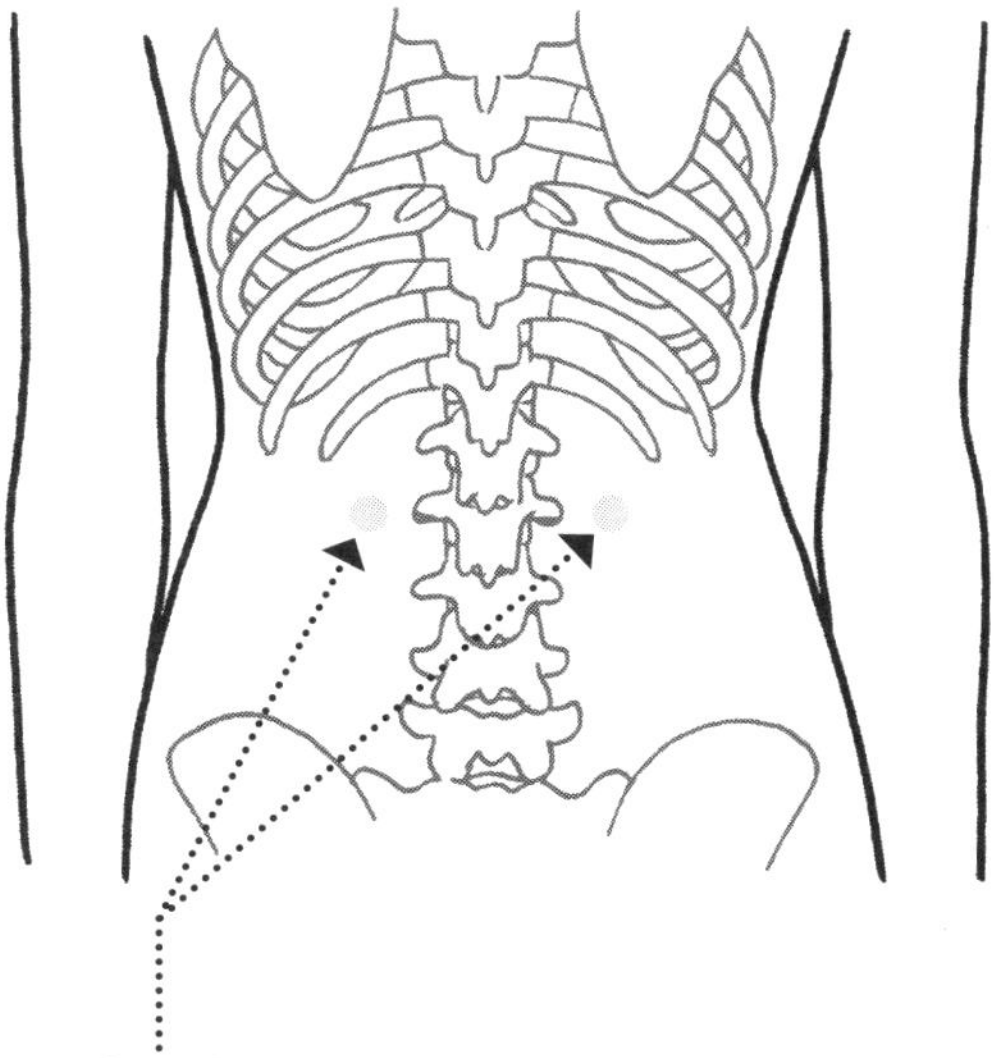

「腎兪」…へそのちょうど裏側の位置から、左右に指二本分外側にあり、ツボを刺激しながら、体をひねったり左右に動かしたりすると、さらに効果あり。

ポイント
疲労感の改善やアンチエイジングにも大きな効果がある。

ここで「指二本分」とか細かいことは、それほど重要ではありません。

何回も述べているように、〝楽ツボ〟効果でだいたいの目星をつけて押してみると、気持ちよかったり、楽になったりするイメージがあれば、そこを重点的に押したりもんだりすればよいのです。

ツボを刺激しながら、体をひねったり左右に動かしたりすると、さらに効果が増します。

イスに座っていても簡単にできるので、チョッとした仕事の合間にやってみましょう。

イスに深めに腰掛けて、背もたれとツボの間に握り拳《こぶし》を入れて、背中側に体重をかけるようにします。

自分の体重でほどよい刺激になり、イタ気持ちいいと感じればOKです。

また、丸いペン先などで刺激する方法もあります。自分でいろいろ工夫して、いちばん気持ちのよい方法を見つけるのも楽しいものです。

ツボの周辺を「手当て」するだけでも効果大

「腎兪」をツボではなく反射区というとらえ方もできます。

手のひらを「腎兪」の付近にあてて、さするだけでも効果があります。

昔から「手当て」という言葉がある通り、病気やケガをしたときに患部に手をあてて治療したという説があるくらいです。

手をあててやさしくさするだけで、ツボの刺激になり、手のぬくもりで腎臓まで温まるので、全身の血流がよくなり、むくみの解消になります。

仕事で疲れたときや気分転換を図りたいときには、「腎兪」の周辺をゆっくりさすってあげると、リラックスできて疲労感が解消できます。

第5章

1日3分3ヵ月のマッサージで老け顔が消える!

寝返りで体のコリやゆがみを解消している

この章では、しわやたるみ、ほうれい線の具体的な改善法や根本的に目立たなくする方法を紹介していきましょう。

ここで紹介する方法の中から、自分に適したものを選んで、1日3分3ヵ月続けていくと効果が表れて、老け顔も改善していきます

顔のコリやゆがみから老け顔や老化現象が始まるといいましたが、通常なら人間の体は寝ている間に自然に体中のコリやゆがみが解消されるようにつくられています。

寝相が悪かったり寝返りを打ったりするのは体によくないと思われがちですが、そうではありません。

就寝中に寝返りを打ちながら、体のコリやゆがみを解消しているからです。

さらに、寝返りを打つと血行がよくなります。つまり就寝中に無意識に動くことで、体を正常な状態に戻しているのです。

ですから、動きが妨げられないような状態で就寝する必要があります。

ふかふかな柔らかいベッドや布団では、体が沈んでしまって、動きが取れなくなります。

またペットと一緒に寝ている人は、寝返りも制限されるので体にいいとはいえません。

固めの敷き布団に軽めの掛け布団で、ジャージなどの動きやすい格好で眠りにつくのがよいのです。

「老いも若きも気から」という自己暗示が大切

寝ている間に成長ホルモンが分泌されていますが、その機能が減退すると就寝中に老化が進むのです。

特にストレスが溜まると、自律神経が乱れてホルモン分泌が滞り、一晩で老化が進み、朝起きて鏡を見たらビックリということもあり得るのです。

そうならないようにするには、自分が十代で若々しい頃の写真を鏡の横に貼って、「いつものようにいたい」と自己暗示をかけることが有効です。

毎日、自己暗示をかけ続けることで、不思議に体の器官も順応して、老化防止につながるというわけです。

「病は気から」という言葉がありますが、「老いも若きも気から」といえるのです。

眉唾的なイメージがありますが、実際に試してみる価値はありそうです。

「人迎《じんげい》」は血液やリンパの循環をよくするツボ

顔の老化の三大現象として「しわ」「たるみ」「ほうれい線」をあげましたが、もう少し詳しくお話ししていきましょう。

これまで何回も述べてきたように、顔の老化現象であるしわやたるみ、ほうれい線は、皮膚の代謝能力が低下して、老廃物が溜まることが原因です。

したがって外からはツボや反射区の刺激で、内側からは内臓機能をアップすることから始めます。

血液やリンパの循環をよくするツボ「人迎《じんげい》」

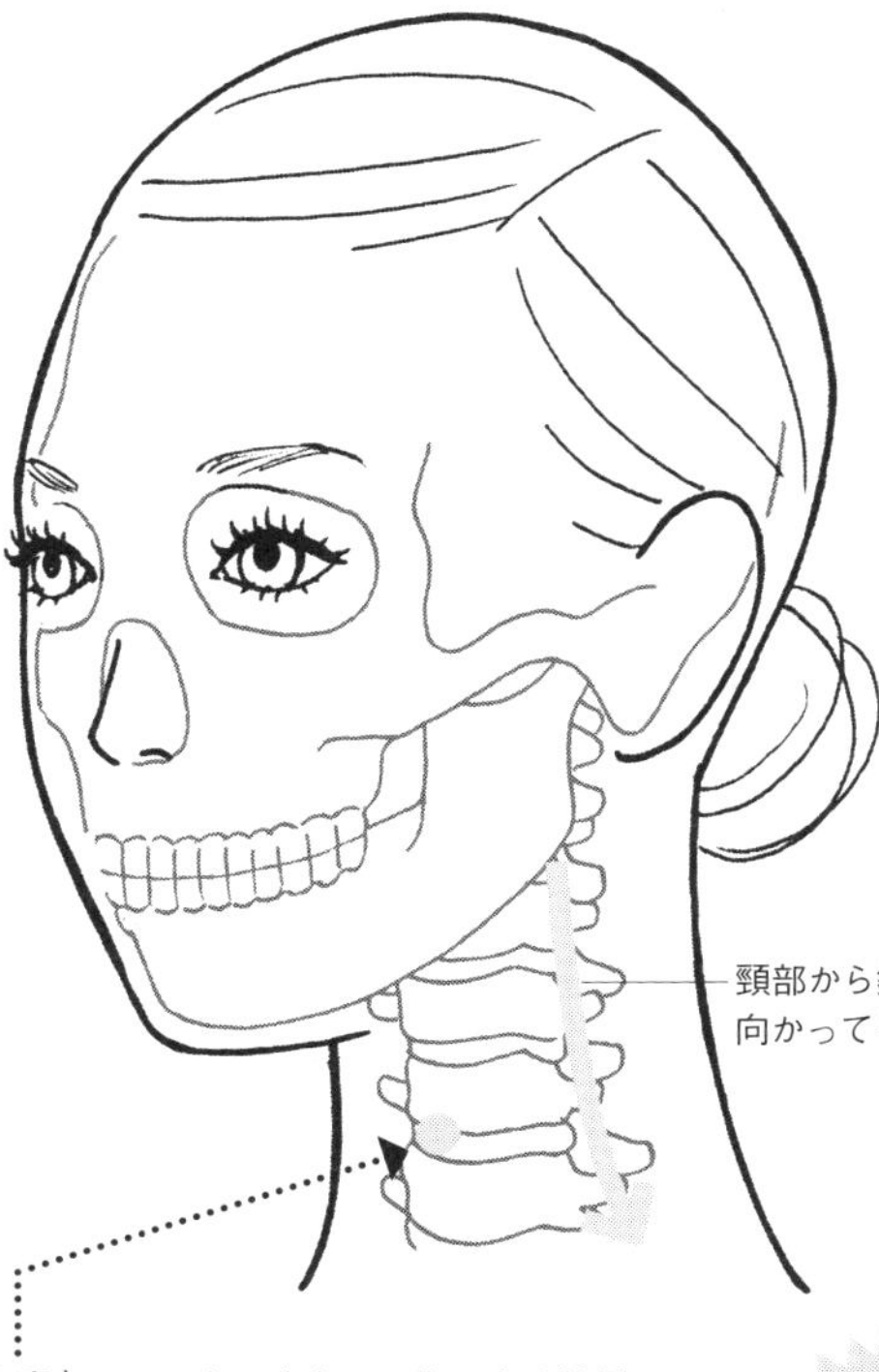

「人迎」…のど仏の中心から指二本分外側にあり、顔を上に向けて左右のツボに人差し指の腹を当てて、中心に向かってやさしく押す。

ポイント
ホルモンの分泌を改善して、肌に水分と栄養分を届けてくれる。

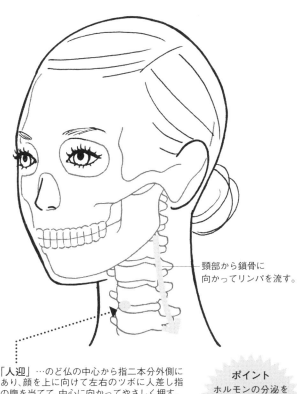

まず、しわには血液やリンパの循環をよくするツボ「人迎《じんげい》」を刺激します。
「人迎」は、のど仏の中心から指二本分外側にあります。↓（P131参照）
脈を感じるので、すぐにわかりますが、顔を上に向けて左右のツボに人差し指の腹を当てて、中心に向かってやさしく押します。
さらに、頸部のリンパの流れに沿って、鎖骨に向かってなで下ろすように、首をさすっていきます。

「脾《ひ》」（膵臓《すいぞう》）や胃にあたる反射区を刺激してやる

「人迎」は甲状腺に作用して、ホルモンの分泌を改善し、肌に水分と栄養分を届ける役目を果たしてくれます。

仕上げにリンパマッサージを行えば、代謝能力がより一層高まります。

また、しわは「脾《ひ》」（膵臓《すいぞう》）が弱まることで、肉が痩せて肌がたるみ、水分が失われることで乾燥して生じます。

「脾」（膵臓）は胃と関係の深い臓器ですから、食生活の乱れにも注意しなければいけません。

かぼちゃなど黄色の食べ物が「脾」（膵臓）の機能を整えて、しわを防いでくれます。

「脾」（膵臓）や胃の位置にある反射区を刺激してやると、肌のハリがよくなり、乾燥を防いでくれます。

「頭維《ずい》」は下がった顔の筋肉を引き上げるツボ

次はたるみですが、肌がたるむと、顔の輪郭がぼやけて、老けて見えます。

皮膚の乾燥や加齢によって、肌の弾力が低下すると、顔のたるみの原因になります。

また顔のコリやゆがみも当然影響します。

顔のコリやゆがみで筋肉が衰えると、その上にある脂肪や皮膚を支えられなくなったり、肌に栄養が行き渡らなくなったりします。

そんなときに効果があるツボは「頭維《ずい》」といい、下がった顔の筋肉を引き上げる効果があります。

額の左右にあり、目尻の上、髪の毛の生え際よりも親指の幅半分ほど上方にあります。

両手の中指を左右のツボに当てて、自然に呼吸しながら、上へ押し上げるようにします。

↓（P136参照）

また、上を向いて、「あ、い、う、え、お」とゆっくり口を動かして、顔の筋肉を動かすトレーニングも効果的です。

風呂上がりに毎日3分程度マッサージ

肌にハリを取り戻すには、しわと同じく「脾」（膵臓）や胃の反射区を刺激します。

それぞれの周辺部をさすったりこすったりして、刺激していると、筋肉や肌にハリが出て、血行がよくなるので、肌のたるみが改善されていきます。

またリンパの流れもよくするために、左右の首筋の下を上から下にさするようにマッサージします。

風呂上がりなどリラックスしているときに、各反射区につき3分程度、マッサージすることをお勧めします。

「外禾髎《そとかりょう》」というツボで口元のたるみを解消

最後はほうれい線ですが、加齢とともに顔の筋肉が落ちて、皮膚がたるむことで、深いしわに見えることが原因です。

「外禾髎《そとかりょう》」というツボで、口元のたるみを解消することが効果的です。

「外禾髎」は鼻の下のくぼみの高さで、ほうれい線と交わるところにあります。

左右のツボに人差し指を押し当てて、まっすぐに押します。↓（P136参照）

さらに顔のリンパに沿って、耳の前のほおから頸部のリンパ節に向かって、やさしくさ

顔の筋肉を引き上げるツボ「頭維《ずい》」

「頭維」…額の左右にあり、目尻の上、髪の毛の生え際よりも親指の幅半分ほど上方にあり、両手の中指を左右のツボに当てて、自然に呼吸しながら、上へ押し上げるようにする。

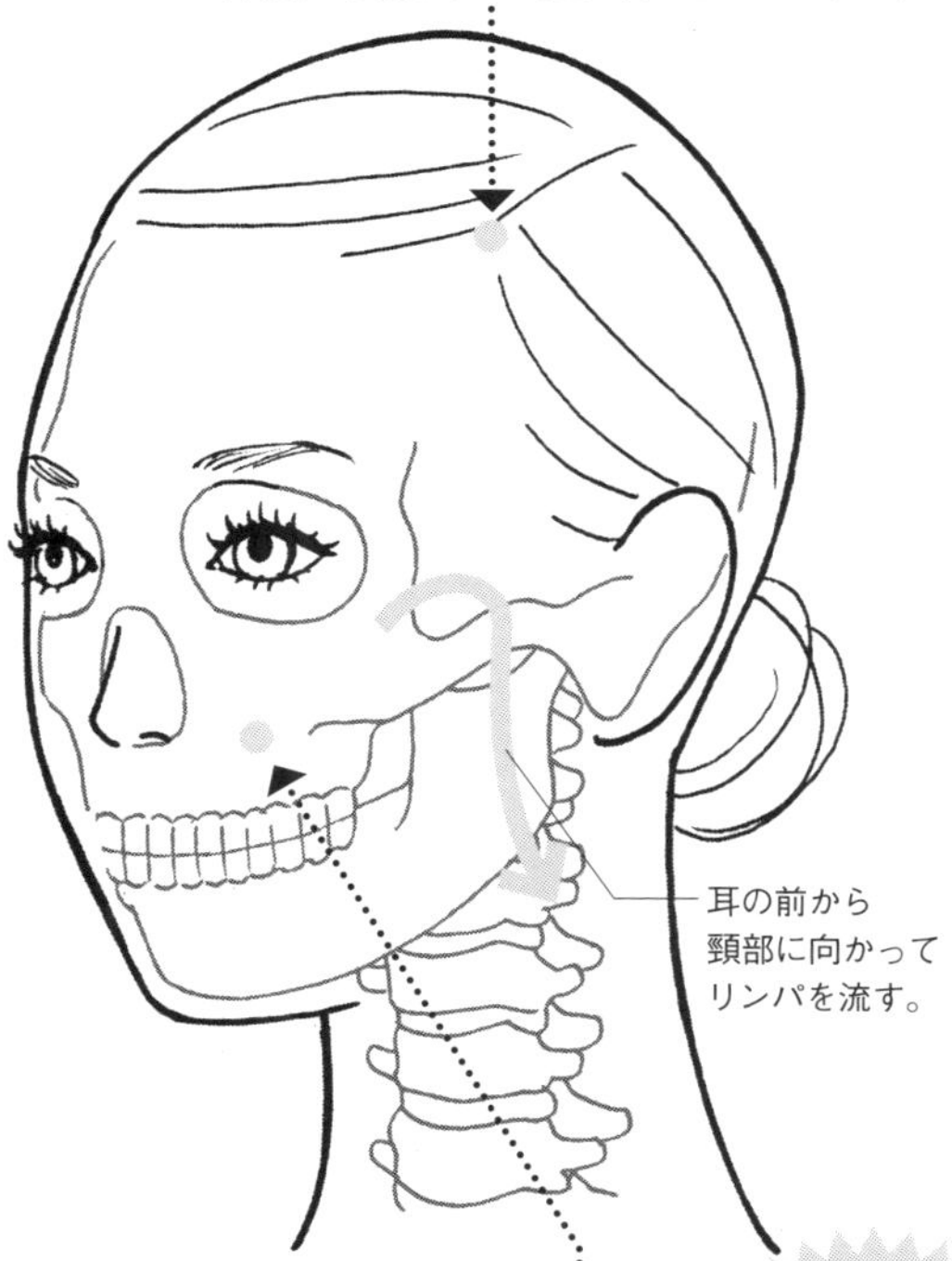

口元のたるみを解消するツボ「外禾髎《そとかりょう》」

「外禾髎」…鼻の下のくぼみの高さで、ほうれい線と交わるところにあり、左右のツボに人差し指を押し当てて、まっすぐに押す。

ポイント

「頭維」は頭痛や眼精疲労回復に、「外禾髎」は血行やリンパの流れを改善。

すっていきます。

「外禾髎」はほうれい線付近の血管とリンパ管に直接働きかけて、血液とリンパの流れをスムーズにします。

リンパマッサージは老廃物を排出してくれるので、ほうれい線を薄くする効果があります。

いつでも手軽に手のひらげんこつで反射区マッサージ

また、ほうれい線には「脾」「腎」「甲状腺」に影響する反射区マッサージがよいといわれています。まずは、顔の脾の反射区（唇）から甲状腺区（唇の下）に向け、拳で押さえながら軽く滑らせます。

あごの下あたりから拳を滑らせながら、ほおを持ち上げるような感覚で刺激します。

さらに鼻先の腎の反射区を拳で押します。

手のひらなので、鋭い凹凸や欠けなどもなく、肌を傷つける心配もありません。

力加減も自分次第なのでわかりやすいのです。

ひとりで、いつでもどこでも思い立ったら、自宅ではもちろん、オフィスでの休み時間や風呂上がりなどにも、手軽に自由に行えるのでお勧めです。

額から目元、そして口元という三段階でリンパマッサージ

顔のしわやたるみ、ほうれい線を予防するには日頃のケアが必要ですが、リンパマッサージが大きな効果を発揮します。

肌に少しの圧を加えることで、リンパや血液の流れが促進されて、肌にハリやつやが生まれます。

額から目元、そして口元という三段階でマッサージします。

まず、額のマッサージからです。額の中央から外側に向かって、やさしく押します。↓

（P139参照）

顔のリンパマッサージ

①額の中央から外側に向かって、両手の指四本をそろえて、小指を額の中央に当てて押し、中指、人差し指と徐々に力を入れてやさしく押す。

②手を外側にずらし、手をローリングしながら、生え際までやさしく繰り返していく。

③目元から外側に向かって、目の下と小鼻のわきに四本指が当たるように手を置いて、やさしく押していく。

④手を当てる位置を外側にずらしローリングしながら、こめかみまで繰り返す。

⑤口角とほうれい線に当たるように手を当てて、耳の手前までやさしくローリングしながら押していき、耳の手前まで繰り返す。

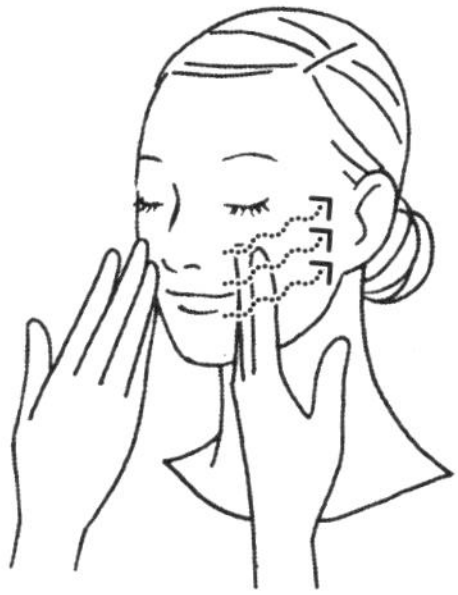

ポイント
皮膚の細胞は3ヵ月で入れ替わり、いきいきと若返る。

両手の指四本をそろえて、小指を額の中央に当てて押し、中指、人差し指と徐々に力を入れてやさしく押します。

手を外側にずらし、手をローリングしながら押していきます。

手を当てる位置を少し外側にずらして、生え際までやさしく押していきます。

3ヵ月で生まれ変わる顔のアンチエイジングマッサージ

二番目のマッサージは、目元から外側に向かってやさしく押していきます。

その際、目の下と小鼻のわきに指四本が当たるように手を置いて、やさしく押します。

少し外側にずらして、手をローリングしながら押します。

手を当てる位置を少し外側にずらして、こめかみまでやさしく押していきます。

最後は口元のマッサージで、口元から耳の手前まで、手をローリングしながら押します。

口角とほうれい線に当たるように手を当てて、耳の手前までやさしく押していきます。

これを顔のアンチエイジングマッサージとして、日課として行えばだんだん肌が生まれ変わって、イキイキと若返るのが実感できます。

皮膚の細胞はだいたい3ヵ月くらいで、すべて入れ替わりますので、そのくらいを目処《めど》に試してみましょう。

むくみやくすみ、くま、しみ、吹き出物も若さの敵

これまで、顔の老化の三大現象として「しわ」「たるみ」「ほうれい線」の改善方法を紹介してきましたが、その他にも気になる症状があるようです。

それは、むくみやくすみ、くま、しみ、そして吹き出物、肌荒れ、ねこ背などで、老化現象だけではなくストレスや不規則な生活が原因でも現れます。

健康な状態なら放っておいても自然に消えていきますが、なかなか治らなかったり、何回もぶり返したりするようなら、体の不調や異常がある可能性がありますので注意してください。

いずれにしても早く治すことが大切ですから、その方法を紹介していきましょう。

まずはむくみですが、たるみと同様に血液やリンパ液が滞り、老廃物が溜まることが原因です。

老廃物の中には疲労物質も含まれていて、それが溜まることでフェイスラインもゆるんでたるみがちになります。

疲労物質の蓄積が老化を促進する

「疲労物質」とは、疲労の原因になる物質のことで、最近発見されました。

この疲労物質はたんぱく質の一種で、細胞から出る老廃物に誘発されてつくられるのです。

疲れたときには疲労物質が体内に増加し、それに連動する形で「疲労回復物質《ひろうかいふくぶっしつ》」も増えてきます。

徹夜や激しい運動をさせると、心臓や肝臓などの臓器にこの物質が大量に増えますが、ひと晩眠らないだけで疲労物質が通常より三倍も増えるとされています。

体内に滞っている老廃物や疲労物質がスムーズに排出されないと、血管内の圧力のバランスが崩れて、むくみやすくなります。

特に顔の場合は、皮膚が薄いのでむくみやたるみが表面に現れやすくなり、より老けた印象になります。

ですから老廃物や疲労物質は、なるべく早めに排出することが、若さを保つ上で重要なのです。

むくみには「解谿《かいけい》」のツボと同時にリンパマッサージ

むくみに効くツボは「解谿《かいけい》」といい、足首にあります。

「解谿」は胃の働きを活発にさせて、体全体の水分のバランスを整える働きがあり、顔の

むくみに効くツボ「解谿《かいけい》」

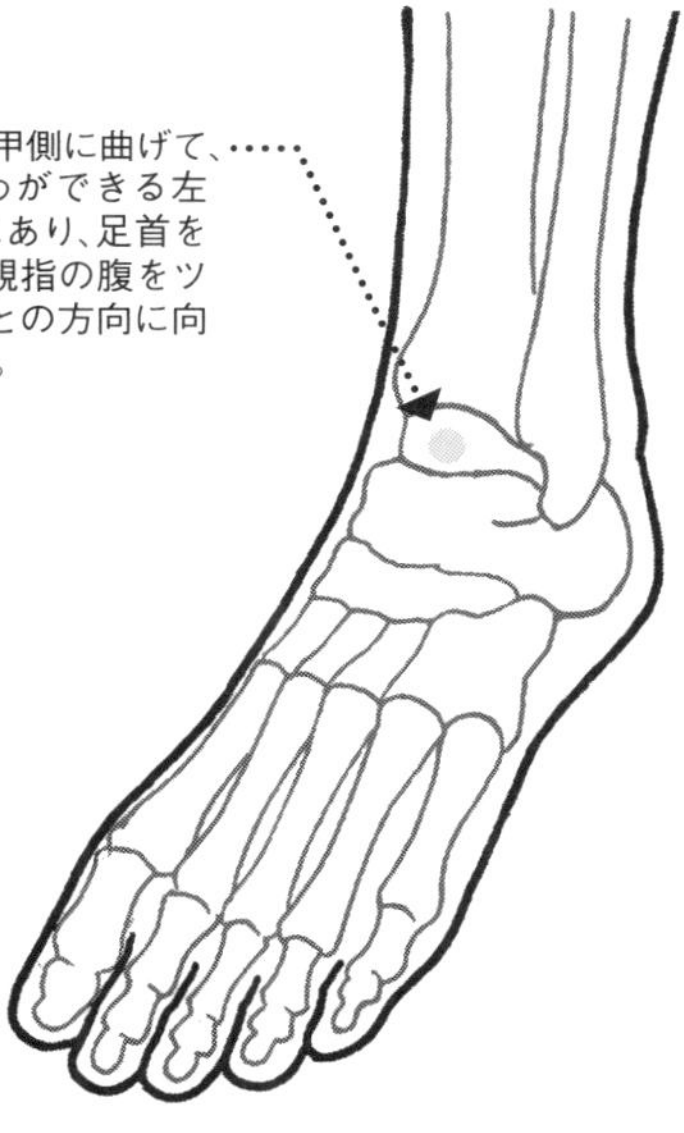

「解谿」…足首を甲側に曲げて、そこに太い横じわができる左右中央のくぼみにあり、足首を持つようにして、親指の腹をツボに当てて、かかとの方向に向かって押していく。

ポイント
胃の働きを活発にさせて、体の水分のバランスを整えてくれる。

むくみに有効なツボです。↓（P144参照）

足首を甲側に曲げると、そこに太い横じわができますが、その左右中央のくぼみにあるのが「解谿」です。

足首を持つようにして、親指の腹をツボに当てて、かかとの方向に向かって押します。

ツボと同時に、リンパマッサージも行えば効果が倍増します。鎖骨（鎖骨の上のくぼみ）や鼠径部《そけい》（太もものつけ根）、両ひざの裏側のリンパ節を、位置をずらしながらやさしく押していきます。そして、「解谿」のツボを親指の腹で押しながら、深く深呼吸します。

最後に足首からひざに向かって、リンパ液を流すようにマッサージします。

これを左右で行うと、全身の水分がスムーズに流れるようになり、顔のむくみが解消されます。

ふくらはぎをもんで溜まった水分を体外に排出

むくみ解消に効果がある反射区は、「腎」や腰の反射区です。

胃の裏側の背中周辺やふくらはぎをもんだりさすったりして、溜まった水分を体外に排出します。

背中にバスタオルを筒状に丸めて当てて仰向けに寝て、自分の体重で圧迫する方法もあります。

ふくらはぎは腎や心、腸の反射区なので、手でよくもむことで、体内の水分の流れがよくなり、排尿も促進して、むくみが解消していきます。

酒の飲みすぎや長時間の立ち仕事で、水分が溜まっているときには、反射区の刺激が効果的です。

くすみには美白のツボ「陽白《ようはく》」を刺激しながらリンパマッサージ

くすみとは肌に透明感がなく、明るさやつやが感じられない肌状態のことをいいます。

原因は、血行不良や老廃物の蓄積のほか、体の不調や精神的ストレス、紫外線の影響、

くすみを解消するツボ「陽白《ようはく》」

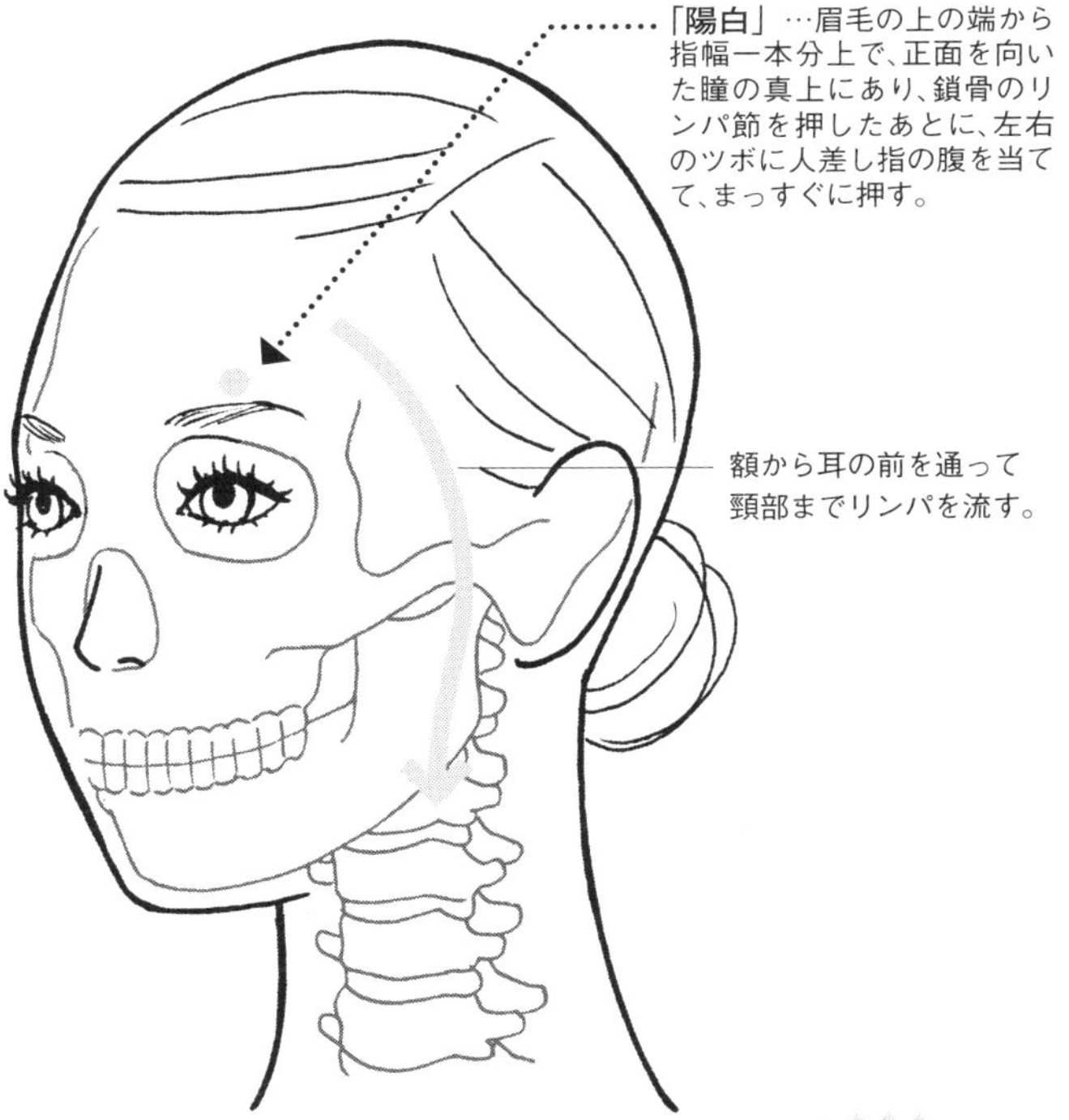
「陽白」…眉毛の上の端から指幅一本分上で、正面を向いた瞳の真上にあり、鎖骨のリンパ節を押したあとに、左右のツボに人差し指の腹を当てて、まっすぐに押す。
額から耳の前を通って頸部までリンパを流す。

ポイント
美白のツボを刺激すると、体中に酸素と栄養が行き渡る。

加齢などがあげられます。

くすみを解消するには、美白のツボと呼ばれている「陽白《ようはく》」を刺激しながら、リンパマッサージを行います。↓（P147参照）

「陽白」は顔全体の血行を促進して、新鮮な酸素と栄養をすみずみまで行き渡らせる働きがあります。

眉毛《まゆげ》の上の端から指幅一本分上で、正面を向いた瞳《ひとみ》の真上にあります。

鎖骨のリンパ節を押したあとに、左右のツボに人差し指の腹を当てて、まっすぐに押します。

そして、額から耳の前のリンパ節を経て、頸部のリンパ節へとやさしくさすりながら、リンパを流します。

くまが出やすい位置の「承泣《しょうきゅう》」を刺激すれば解消する

くまは睡眠不足などが原因で、目の周りのうっ血によって起こります。

くまを解消するツボ「承泣《しょうきゅう》」と「四白《しはく》」

「承泣」…瞳の真下で、目を取り囲む骨の縁のくぼみにあり、鎖骨のリンパ節を押したあとに、左右のツボに中指の腹を当てて、中心部に向かって斜め下方向に押す。

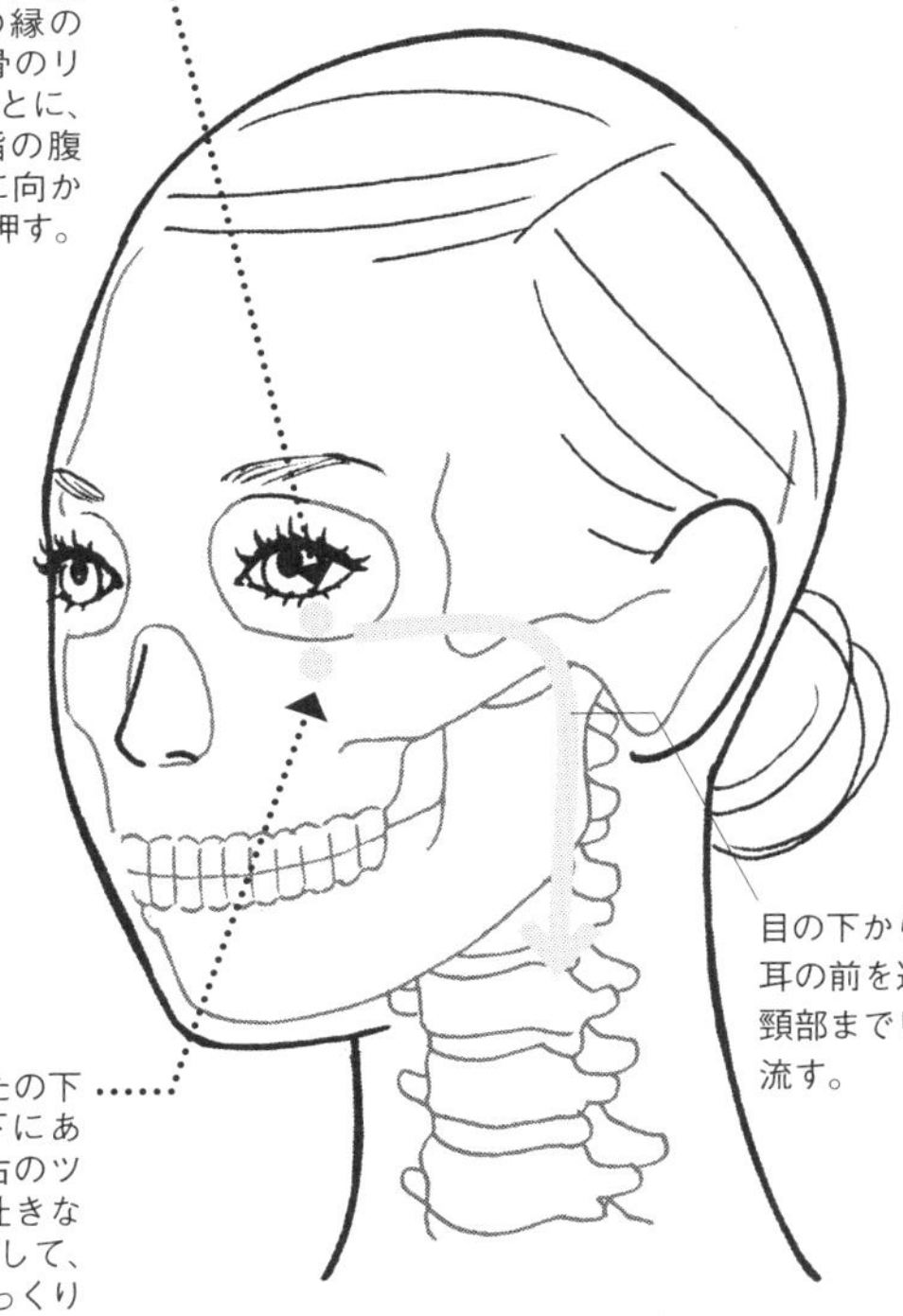

目の下から耳の前を通って頸部までリンパを流す。

「四白」…下まぶたの下端から指一本分下にあり、中指の腹を左右のツボに当てて、息を吐きながらゆっくりと押して、息を吸いながらゆっくりと力を緩める。

ポイント

「四白」はしみ防止に、「承泣」はうっ血を取り除いてくれる。

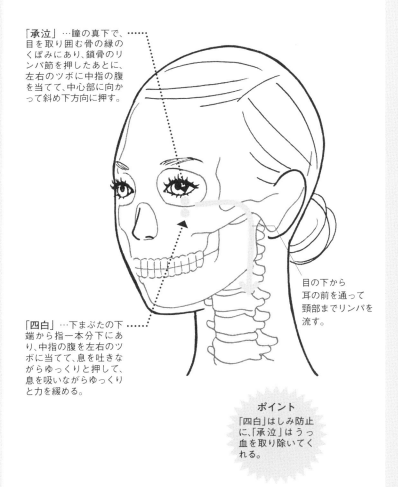

血流が悪くなっているので、ツボ押しとリンパマッサージで血行促進を図ります。

「承泣《しょうきゅう》」というツボは、瞳の真下で、目を取り囲む骨の縁のくぼみにあり、ちょうどくまが出やすいところに位置します。↓（P149参照）

そこを刺激することで、目の周りの血行を促進して、うっ血を取り除きます。

鎖骨のリンパ節を押したあとに、左右のツボに中指の腹を当てて、中心部に向かって斜め下方向に押します。

そして、目の下から耳の前のリンパ節を経て、頸部のリンパ節へとやさしくさすりながら、リンパを流します。

しみ防止には「陽白」と「四白《しはく》」のツボ

しみは、メラニンという色素が肌に染みついてできる薄黒い斑点のことです。

原因は紫外線や加齢やストレス・睡眠不足、肌の炎症・肌荒れ、ニキビ、ホルモンバランスの異常などがあげられます。

しみができやすいのは額や目の周り、ほお、口の周りです。

効果的な解消法は、皮膚の下の真皮を流れる毛細血管の血流を促進することです。

そのためのツボはくすみで紹介した「陽白」と「四白《しはく》」です。↓（P147・P149参照）

両方とも「白」がつくのは、肌を白くする働きが大きいからです。

両方のツボを刺激することで、相乗効果で顔全体の血流がよくなり、肌に新鮮な酸素と栄養が行き渡り、老廃物も排出されて、しみやくすみの解消になります。

ビタミンCを補給してメラニン色素を抑える

「四白」は正面を見たときの瞳の真下にあり、下まぶたの下端から指一本分下に位置します。

中指の腹を左右のツボに当てて、息を吐きながらゆっくりと押して、息を吸いながらゆっくりと力をゆるめます。

「陽白」も同様に、中指の腹を左右のツボに当て、息を吐きながらゆっくりと押して、吸いながらゆっくりと力をゆるめます。

目の周りは敏感なので、弱めに気持ちのよい程度に押して、左右6～8回ずつ繰り返します。

またしみ予防には、紫外線から肌を守ることも大切です。

日焼けしないように、帽子や日傘、手袋などを有効に使って、直接紫外線を浴びないようにしてください。

さらにメラニン色素が沈着すると、しみの原因になるので、ビタミンCを補給することで防げます。

ビタミンCには、メラニン色素の生成を抑えたり、薄くしたりするのに効果を発揮するので、積極的に補給することが、しみ防止に役立ちます。

吹き出物には「聴宮《ちょうきゅう》」のツボでホルモンのバランスを整える

最後は吹き出物です。

吹き出物には、ニキビやおできなどがありますが、ストレスや不規則な生活が影響して、余分な水分が溜まったりホルモンのバランスが悪くなったりすると現れます。

ホルモンのバランスを整えるツボとして「聴宮《ちょうきゅう》」があります。↓（P154参照）

「聴宮」は耳の前にある突起部分の少し前側で、口を開けるとへこむくぼみにあり、副腎皮質ホルモンのバランスを整える働きをしています。

このツボを刺激しながらリンパマッサージを行うと、相乗効果で吹き出物が解消されます。

鎖骨の上のくぼみにあるリンパ節を押して、左右のツボに人差し指の腹を当てて、まっすぐに押します。

吹き出物を解消するツボ「聴宮《ちょうきゅう》」

「聴宮」…耳の前にある突起部分の少し前側で、口を開けるとへこむくぼみにあり、鎖骨のリンパ節を押して、左右のツボに人差し指の腹を当てて、まっすぐに押す。

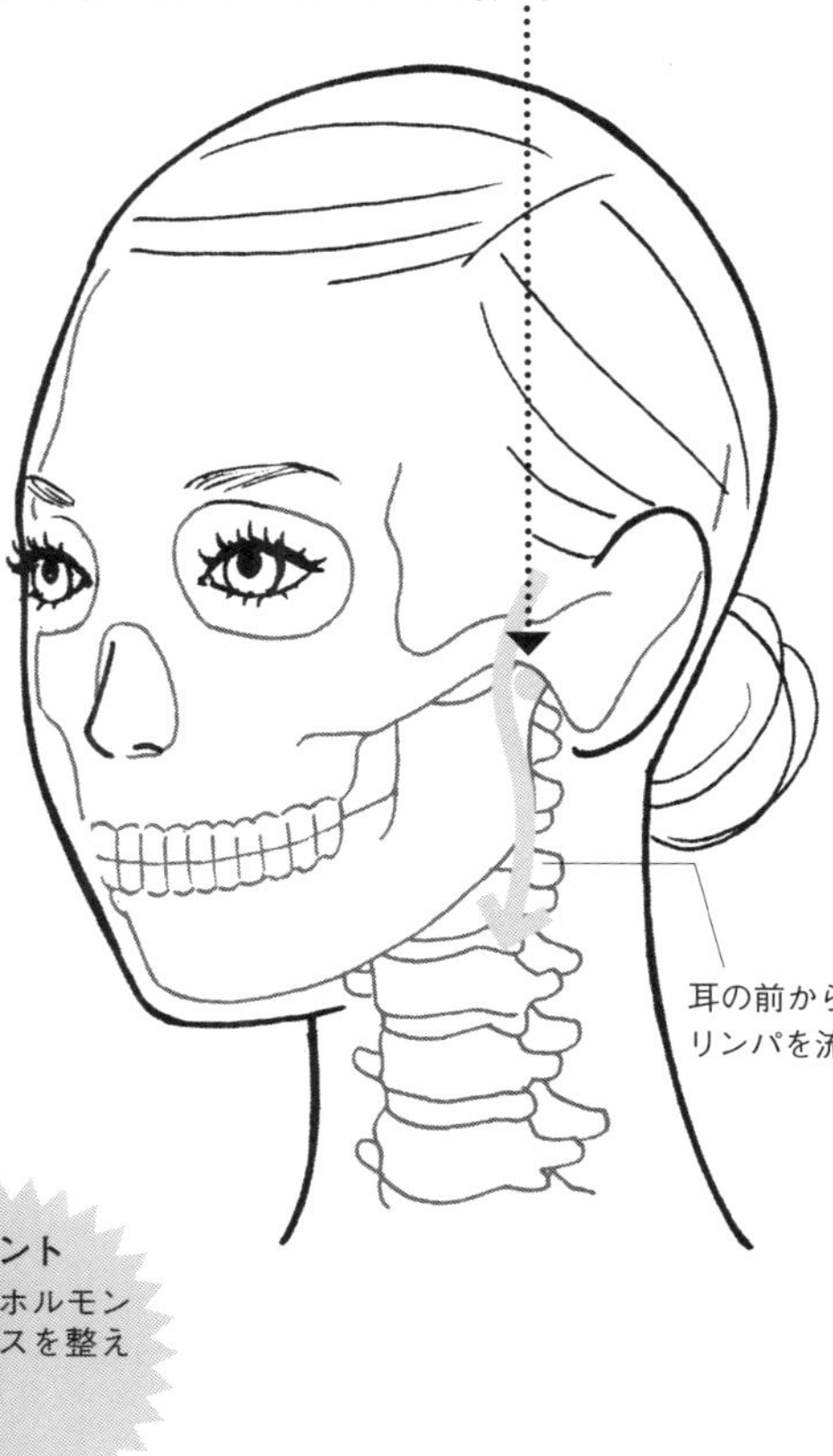

ポイント
副腎皮質ホルモンのバランスを整えてくれる。

さらに顔のリンパの流れに沿って、耳の前のリンパ節から頸部のリンパ節に向かって、やさしくさすります。

こうすることで、体内の毒素を排出する働きが高まり、吹き出物がなくなっていきます。

首や足裏の反射区も吹き出物の解消に効果あり

リンパの流れにも関係しますが、首の反射区や足裏の反射区も吹き出物の防止や解消に効果があります。

ニキビは分泌された皮脂が毛穴に詰まって炎症を起こしたものです。

特に思春期は、皮脂が過剰に分泌されるために起こりやすくなりますが、大人の場合には、便秘や新陳代謝機能の低下、ホルモンバランスの乱れなどが原因です。

足裏の消化器関連の反射区で便秘を防ぎ、首の血行促進の反射区で新代謝機能を活発にすることで解消されます。

足裏には、肝臓や腎臓、大腸、小腸の反射区、首筋にはのぼせや血行促進の反射区があります。

足裏は痛くない程度に力を入れて、親指でスピーディに押し、首筋は手のひらでやさしくさすって、刺激を与えるようにします。

ツボとリンパと反射区の刺激で相乗効果が上がり、回復力もアップするはずです。

肌荒れには肺と大腸の反射区を刺激するとよい

吹き出物と合わせて気になるのが肌荒れです。

肌が荒れると潤いがなくなり、かさつきや角質《かくしつ》がはがれて落ちてしまいます。

悪化するとかゆみや発疹《ほっしん》も出て、かなり老けて見えるようになります。

これは、皮膚から水分や栄養分が不足しているのが原因です。

肺は皮膚に水分や栄養分を供給していますが、その機能が衰えることで肌が荒れてしまうのです。

したがって、肺と肺に関わりの深い大腸の反射区を刺激することで、肌のトラブルが解消できます。

肺の周りとへその左右の大腸の周辺を押しながら、ゆっくりさすることで効果が上がります。

大腸は冷えると機能が低下するので、なるべく手のひらでさすって温めるのも有効です。

ねこ背は肺機能を低下させて肌荒れの原因に

ほかにも肺の機能が低下する原因はありますが、それがねこ背などの肩を丸めた前傾姿勢です。

ねこ背の人は、肺が萎縮するので機能が弱まり、肌荒れの原因になります。

肺の機能を整えるためには、ストレッチも効果的です。

バスタオルを筒状に丸めて、背中に当てて仰向けになると、萎縮していた肺が広がって機能が回復します。

初めは1～2分程度で、慣れてきたら5分ほど行うとよいです。

便秘も肌荒れの原因といいましたが、胃腸を整えるために焼いたバナナもお勧めです。

バナナを皮ごとホイルで包んで、オーブンでトロトロになるまで焼いて食べます。

オリゴ糖をかけて食べると、腸のぜん動運動が活発になり、お通じがよくなります。

第6章

こんなユルユル生活に
スゴイ若肌効果が！

若さの秘訣は〝自然〟な生活

「先生はとても若く見えますね」

「先生、肌がスベスベでしわがないのは、何かヒミツがあるのですか？」

患者さんから、こんな指摘を受けることがあります。

治療家にとって、自分の患者さんからほめられるのは大変うれしいことですが、実はそれほどの〝ヒミツ〟はないのです。

ただいつも気にかけているのは、自然な生活を心がけていることです。


自然な生活とは、ストレスを溜めずに、体の欲するものを飲んだり食べたりして、眠たいときに寝て、無理をしないことです。これは「暴飲暴食」ということではなく、体の欲するものをほどほどに摂るということです。

よく体にいいからといって、苦手なものを食べたり、無理な運動をしたり、極端なダイエットなどをしていると、たちまち体質が変化して老化してしまいます。

それでは、アンチエイジングにならないのではないかと、疑問に感じる人もおられるでしょう。

しかし人間は歳をとるのが当たり前なので、無理に若返ろうとすることこそ不自然だと考えてください。

何事も自然のままに任せることこそ、精神的なプレッシャーやストレスから解放されて、逆に若さを保てる秘訣になっているのです。

正しい「洗顔」が老化防止の第一歩

その自然な生活とは、具体的にはどんなことをしているのか、これから紹介していきましょう。

まず、本書のテーマとも関連しますが、しわやたるみ、ほうれい線は老化の三大現象ですから、それを防ぐもっとも基本的な方法は、肌の新陳代謝を促進することです。

それにはまず、何といっても「洗顔」がいちばんです。

肌の表面に蓄積した皮脂と老廃物をキレイに流してやるだけで、大きな効果があるのです。


私の場合は、石けんをよく泡立てて、手で円を描くように回しながら、丁寧に2回洗顔します。

このとき、注意したいのは、顔の前面はもちろん、あごや首の側面までしっかり洗うということ。

特にあごの下は、皮脂や汗などの不純物が溜まりやすいので、念入りに洗います。

肌にやさしい天然素材《てんねんそざい》からつくられた自然系の石けん

使用する石けんはできれば石油系でない、自然系のものがよいです。

石けんには必ず界面活性剤《かいめんかっせいざい》というものが入っています。

これは洗浄効果を出し、油脂と水を分離させないためのもので、ほとんどの石けんに含まれています。

界面活性剤自体は決して人体に悪いものではなく、むしろ入っていた方が石けんとしての効率はよくなります。

しかし問題は合成の界面活性剤です。

基本的に界面活性剤には、自然界に存在する天然素材由来《てんねんそざいゆらい》（自然系）のものと、石油系から合成されたものと二つあります。

この石油系の合成界面活性剤が、肌に悪影響を及ぼすといわれています。

少し極端に表現すると、顔に石油を塗っているわけですから当然、ニキビ、肌荒れが発症したり、老化が進んだりする可能性も高くなります。

天然素材からつくられた自然系の石けんなら、安心して使用することができます。

そして、石けんの泡をきれいに洗い流します。

このとき石けんの成分が残っていると、同時に洗い流した不純物や老廃物もこびりついているので、そこから吹き出物ができたりして、皮膚の老化も進行します。

女性の場合は、ファンデーションや化粧品を、しっかりきれいに洗い流すことが皮膚の新陳代謝につながりますので、特に注意してください。

「はとむぎ」の化粧水には皮膚のトラブルを改善する効果がある

洗顔のあとそのまま放っておくと、肌が乾燥してしまいますので、ケアとして化粧水か乳液を使用します。

テレビなどで、いろいろな有効成分が入っている化粧水や乳液も紹介されていますが、私はごく普通の化粧水を使用しています。

もともと肌には異物を排除するという作用もあるので、高級化粧品に含まれている栄養分がすべて吸収されるとは限らないからです。

私がこれまで試した中で、いちばんしっくりと肌に合ったのは「はとむぎ」の化粧水です。はとむぎは、日本では昔からイボ取りの薬とされてきましたが、最近ではあまり使用されていないようです。

しかし実は、はとむぎにはイボ取りだけでなく、ニキビやアトピー、しみ、ソバカス、鮫肌など、皮膚のトラブルを改善するさまざまな効果があるのです。

はとむぎの入った化粧水は、市販されていて手に入りやすいので、興味のある人は、成分を確認して購入してみてください。ただし、自分に合わないようなら、すぐに中止して専門家に相談してください。

肌の老化防止には「清潔」「刺激」「潤い」が必要不可欠

朝晩２回、洗顔したあとに、はとむぎ化粧水をつけて、パンパンたたくようにして塗ります。

こうして刺激を与えることで、肌の老化を防ぐ効果があるのです。

女性はもともと皮脂が少ないので、乳液をつけてもよいでしょう。

また老廃物を取り除くために、パックも大切です。

また注意してほしいのは、保湿を心がけるということです。

肌が乾燥すると、血行やリンパの流れが悪くなるので、老廃物が溜まりやすくなり、老化が進みます。

洗顔のあとの化粧水や乳液には、保湿効果もあるので忘れずにつけることです。

とにかく肌を清潔にして、老廃物を溜めない、そして適度な刺激を与えながら、潤いを保つことが、老化防止に必要不可欠なので、よく覚えておいて実践してください。

「肌によいから食べる」のは体によくない！

食生活についても、「肌によいから食べる」という意識はしていませんが、豆腐や納豆など大豆《だいず》たんぱくを多く摂るようにしています。

大豆にはイソフラボン、サポニンといった植物天然成分が含まれていて、これらが健康によい効果をもたらすことが証明されています。

特にイソフラボンには、心臓病予防の効果があるので、大豆に対する注目が一挙に高まってきました。

大豆たんぱくのペプチドにも、消化管内でコレステロール、胆汁酸《たんじゅうさん》と結合して脂肪の吸収を妨げる作用があり、また大豆たんぱくの代謝物には悪役のＬＤＬコレステロールを血中から取り除くスピードを上げる作用もあります。

体脂肪とコレステロールを減らすという、動物性たんぱく質にはない働きが、大豆たんぱくにはあるのです。

私の場合には、食材効果をそこまで考えて食べているわけではありませんが、自分の体が欲するものを食べていたら、それが老化防止になったということです。

加齢とともにあまり動物性たんぱく質を摂らなくてもよくなったので、自然のままに任せるのがいちばんでしょう。

特別な場合を除き、無理をして肉やチーズなどの乳製品などを摂取《せっしゅ》する必要はないということです。

地肌にレモンやスイカを貼ってはいけない

肌によいといえば、よく顔にビタミンCを補給するためと称して、レモンやスイカを貼る人がいますが、これは逆にマイナスでよくありません。

刺激が強すぎて、しみになる可能性があるので、食べ物やサプリから摂取することです。

民間療法といわれるものの中には、危ない要素が含まれている場合もあるので十分に注意してください。

巷で体や肌によいといわれているから、と即実践する前に、専門家に相談するのがいちばんです。

さて、食事は一日3回、しっかり摂りなさいといわれていますが、私の場合には、患者さんの治療中ということもあり、朝と夜の二食で済ましています。

これで三十年以上続けていますが、何の問題もありません。

お腹が空いてから食べるので、とても美味しく感じて、栄養が体全体に染み渡るイメージがあります。

基本的には肉でも野菜でも、そのときに欲するものを食べるようにしています。

前述したように、体によいといわれているものでも、自分に合わない食材は食べません。

治療で忙しいとどうしてもストレスが溜まるので、食事までストレスを感じたくないからです。

酒は少々たしなむ程度で、タバコは吸いません。

女性（陰）と水（陰）は相性が悪く不安定

最近よく、水をたくさん飲むと健康になるといわれることがあります。

血液がサラサラになるとか、体中の老廃物が流されるとか、とにかく何かにつけて「水を飲め」というキャンペーンがされているようです。

しかしこれは一部の民間療法と同様に、よくありません。

一部の病気の人は除いて、やたらに水を飲むのはよくないのです。

なぜなら、東洋医学的にいうと、水は「陰」性（－）とされていて、女性の体質も「陰」性（－）とされているので、マイナス（－）とマイナス（－）で陰性が二倍になり、体によくないのです。

男性の場合は「陽」性（＋）とマイナス（－）ですから、相性は悪くありません。

そもそも東洋医学とは、自然界を陰陽に分けて理解していました。例えば、

陽↓天…太陽…昼…春夏…東南…上…表…暑…男…六腑…動

陰↓地…月…夜…秋冬…西北…下…裏…寒…女…五臓…静

というように、自然界は常に、二つの陰陽の相互対立の関係により、成り立つとされているのです。

それが陰と陰、陽と陽になり、同じ性質が重なると不安定になり、悪いことだとされてきたのです。

したがって、女性（陰）と水（陰）は相性が悪く不安定なり、体の不調を引き起こしてしまうのです。

日本人は水を摂りすぎてはいけない

水分は摂りすぎないことが大切で、いつでも何でも水を飲んでいいということではないと覚えておいてください。

適量は一日、排尿回数が4～5回程度がベターで、それ以上は水分の摂りすぎです。

「毎日1リットル飲みなさい」という人もいますが、これも個人差がありますし、そもそも何の根拠もないのです。

女性には貧血気味の人が多いので、ますます体が冷えて症状が悪化してしまいます。

男性の場合はもともと陽性なので、水と相性はいいのですが、ただし1リットルとなると考えものです。

高血圧の人や飲酒のあとなら、水を飲むのはよいことですが、それ以外なら摂りすぎになります。

日本は温暖多湿な気候で、皮膚からも水分を摂取しているので、わざわざ多量に経口しなくてもよいのです。

ですから、女性も男性も水分の摂取はほどほどにしておくのが、美と健康のためによいということです。

美と健康のライフサイクルを確立しよう

これまで、肌の老化防止のための方法をいろいろ紹介してきましたが、根拠がはっきりしなかったり医学的に怪しかったりするものは、必ず専門家に相談してから行うようにしてください。

間違った方法を実践して悪化しても、誰も責任を取ってくれませんから、十分に気をつけましょう。

肌は日頃のちょっとした心配りや、いつでもどこでもできるマッサージなどで、若さを保つことができます。

そして、少しの油断で老け顔になったり、しみやたるみ、ほうれい線の老化の三大現象が現れたりした場合には、応急措置ですばやく解消してください。

いつも若々しい肌を保つことで、毎日の生活が楽しくなり、さらに若返るという美と健康のライフサイクルができあがるのです。

著者略歴
アスカ鍼灸治療院院長（東京・五反田）
日中治療医学研究会会員
日本東方医学会会員
日本大学、東洋鍼灸専門学校卒業。施術歴は35年を超え、5万人以上の治療実績を誇る。鍼灸とカイロプラクティックに整体を取り入れた独自の治療法が話題になり、テレビ、新聞、雑誌に大きく取り上げられる。
著書には、現在も売れ続けるミリオンセラー『寝るだけ！骨盤枕ダイエット』（学研パブリッシング）と近刊『たった100円！体をほぐし、コリや痛みが消える！』（さくら舎）など多数があり、総発行部数は380万部を超えている。その実績と治療技術で「日本の名医50人」（TBSテレビ『水曜スペシャル』）にも選出された。

1日《にち》5分《ふん》で見《み》た目《め》が10歳若返《さいわかがえ》る！
——顔《かお》のしわ・たるみ・ほうれい線《せん》・しみ・くまが消《き》える

二〇一五年八月八日　第一刷発行

著者　福辻鋭記《ふくつじとしき》
発行者　古屋信吾
発行所　株式会社さくら舎　http://www.sakurasha.com
東京都千代田区富士見一-二-一一　〒一〇二-〇〇七一
電話　営業　〇三-五二一一-六五三三　FAX　〇三-五二一一-六四八一
編集　〇三-五二一一-六四八〇　振替　〇〇一九〇-八-四〇二〇六〇
装丁　石間　淳
イラスト　池田須香子
本文組版　朝日メディアインターナショナル株式会社
印刷・製本　中央精版印刷株式会社

ISBN978-4-86581-023-3

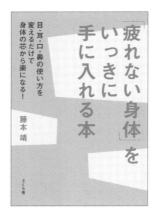